V&R

Hans-Joachim Uhle

# Die Jakobstaube

## Merkwürdige Pfarrergeschichten

Vandenhoeck & Ruprecht
in Göttingen

Die Deutsche Bibliothek – CIP-Einheitsaufnahme

*Uhle, Hans-Joachim*
*Die Jakobstaube:* Merkwürdige Pfarrergeschichten /
Hans-Joachim Uhle. – Göttingen ; Zürich :
Vandenhoeck und Ruprecht, 1999
ISBN 3-525-60402-5

Umschlagabbildung:
Ada Isensee, *Stuttgart*, 1988
Sandstrahl, Malerei, 105 × 53 cm (Ausschnitt seitenverkehrt)
Werkstatt: Franz Mayersche Hofkunstanstalt, München


Satz: Satzspiegel, Nörten-Hardenberg
Druck- und Bindearbeiten: Hubert & Co., Göttingen

# Inhalt

*Wir haben solchen Schatz*
*in irdenen Gefäßen*

*Paulus*

# Widmung

Ich widme diese Geschichten denen, die – vom Abend meines Lebens aus gesehen – mich mehr geprägt haben als Bücher und Vorlesungen, weil sie mir – entgegen auch in der Kirche zu beobachtendem Komment – ihr Innerstes nicht ganz verschlossen. Besonders denke ich dabei an meine kriegsgefangenen Mitstudenten im Theologenlager Norton Camp, wo wir die Grundmotive für unsere christliche und kirchliche Existenz fanden.

Widmen möchte ich dieses Buch auch meiner Frau und unseren Kindern. Sie haben die Seltsamkeiten einer Pfarrerfamilie in Liebe und Würde nicht einfach bloß ertragen.

*Hans-Joachim Uhle,* Ostern 1999

# Vorwort

Hans-Joachim Uhle, emeritierter Pfarrer, der jetzt im Odenwald lebt, ist ein leidenschaftlicher Erzähler von erfundenen Geschichten. Was heißt aber schon »erfunden«?! Uhle könnte nicht so realistisch seltsame Pfarrergeschichten erfinden, wenn er den Stoff nicht schon in einer langen Pfarrerexistenz gefunden hätte. Weil diese Geschichten nicht bloß nacherzählt, sondern neu erzählt sind, steckt in ihnen soviel Wahrheit und Zukunft.

Was tauchen in diesen Pfarrergeschichten für komische Käuze und seltsame Heilige auf! Einer läuft vor seiner Ordination davon und wird zum Penner, der aber doch von der Aufgabe der Verkündigung immer wieder eingeholt wird. Ein anderer predigt nur für *einen* Menschen in seinem Dorf über lange Zeit und findet am Ende im ganzen Dorf erstaunliche Resonanz. Einem dritten geht die Wahrheit seiner Predigt erst beim sonntäglichen Mittagessen auf, woraufhin er noch einmal in die Kirche zurückläuft, um Zwiesprache mit seinem Herrn am Kreuz zu halten. Am Ende gewinnt man Uhles Pfarrergestalten alle lieb, auch wenn sie anfangs noch so verschroben oder verrückt erscheinen. Selten ist mir das paulinische Bild vom Schatz in irdenen Gefäßen so anschaulich geworden wie in diesen Geschichten. Es sind häufig gebrochene oder zerbrochene Pfarrergestalten, die Uhle schildert. Aber gerade diese Art von Gebrochenheit läßt den Schatz des Evangeliums um so heller durchscheinen, weil jeder dieser Pfarrer auf seine Weise von der Vergebung lebt und sie auch den anderen gönnt.

Uhle ist mit seinen »Merkwürdigen Pfarrergeschichten« so etwas wie eine erzählte Pastoraltheologie gelungen. Wenn doch möglichst viele Menschen, die von ihrem Pfarrer oder ihrer Pfarrerin enttäuscht sind oder sie gar abgeschrieben haben, diese seltsamen Pfarrergeschichten zu lesen bekämen! Sie würden manches anders sehen und wären vielleicht zu einem neuen Anfang bereit. Und wenn doch so mancher Pfarrer, der innerlich schon resigniert hat, oder manche Pfarrerin, die sich selbst aufgegeben hat, Uhles Geschichten in die Hände bekämen! Vielleicht würden sie dann sich selbst und ihr Pfarramt in einem anderen Licht zu sehen beginnen, und es finge mit diesen Geschichten eine neue Geschichte an.

*Prof. Dr. Christian Möller*

# Die Jakobstaube

In den meisten alten Kirchen ist die Kanzel mit einem Schalldeckel gekrönt. Er verstärkt die Stimme des Predigers. An der Innenseite solcher Schalldeckel findet sich sehr oft eine herabschwebende Taube, ein Bild für den Heiligen Geist, Sinnbild der Hoffnung, dieser Geist möge sich auf den Prediger und durch ihn auf die Gemeinde herabsenken.

Die Kirche von Amstedt hat eine Kanzel voll kostbarem Schnitzwerk. Auch hier flattert die Taube des Geistes über dem Kanzelredner.

Flattert? – Nein, man traut diesem seltsamen Gebilde nicht einmal das zu. Daß das grob geschnitzte Stück Holz eine Taube darstellen soll, vermutet man nur deshalb, weil es – mit einem viel zu großen handgeschmiedeten Nagel – an diesem Platz befestigt ist.

Nicht genug der Seltsamkeit: Da gibt es in Amstedt ein winziges Wirtshaus in einem kleinen Fachwerkbau aus dem 16. Jahrhundert. Am Deckenbalken der Gaststube ist – ebenfalls nicht gerade fachmännisch – eine Taube angenagelt. Diese aber ist ein Meisterwerk der Schnitzkunst. Ihr ursprünglicher Platz ist – das sieht jeder – der Schalldeckel der Kirche. Das Gasthaus heißt »Zur Jakobstaube«. Man erzählt sich allerlei Geschichten um diese beiden Vögel, doch die sind allesamt zu phantastisch. Ein Wunder sei geschehen, wußten die einen zu berichten. Andere behaupteten, der Teufel habe einem Pfarrer die Predigten verderben wollen.

Nun war mein Urgroßvater mehr als zwanzig Jahre lang Pfarrer in Amstedt. Er habe die Geschichte dieser Tauben gekannt, behauptete die älteste Frau der Stadt. Aber mehr wußte auch sie nicht.

Eines Tages jedoch tauchte bei einer Erbteilung ein Bündel Schriftstücke aus dem Nachlaß des Urgroßvaters auf. Da ich der einzige in der Familie bin, der seine deutsche Schrift lesen kann, hat man mir die Blätter überlassen. Sie enthielten Aufzeichnungen zur Geschichte der Kirche von Amstedt, sorgfältig aus alten Archiven und längst verschollenen Dokumenten zusammengetragen. Und – die alte Frau hatte recht – da fand sich auch die Geschichte der Jakobstaube. Wo er diese Geschichte ausgegraben hatte, dazu gab es keine Notiz. So weiß ich bis heute nicht: Ist sie verbürgt oder hat er sie sich ausgedacht? Schließlich hat er nahezu zweitausendmal unter dieser seltsamen Taube gepredigt. Wen wundert's, wenn sich da geheime Fäden spinnen.

## *I*

Um 1700 amtierte an der St. Andreaskirche zu Amstedt der lutherische Pfarrer Justus Orlander. Es war damals kein leichtes Amt. Den größten Teil seiner Einkünfte mußte er selbst auf den Pfarräckern erwirtschaften. Wenn er nach der Feldarbeit sich zu den Kranken setzte oder Ratsuchende zu ihm auf den Pfarrhof kamen, gelang es ihm oft nur schwer, seiner Müdigkeit Herr zu werden. Doch auf der Kanzel fiel alle Erschöpfung von ihm ab, und nicht selten meinten seine Zuhörer die Botschaft eines Engels zu hören.

Im Jahre 1702 wütete eine Seuche in der Stadt. Sie raubte dem Pfarrer die Frau und die zwei Töchter. Als der Schrecken vorüber war, nahm er den etwa zwanzigjährigen Jakobus als Knecht auf den Pfarrhof. Der Mann schwieg beharrlich über seine Herkunft. Doch blieb es dem Pfarrer nicht verborgen, daß Jakobus keineswegs im Stall groß geworden war. Schon die Hände verrieten ihn. Eines Tages überraschte ihn Orlander, wie er in der Amtsstube gedankenverloren in eine Postille starrte. Da kam heraus, daß der Knecht lesen und schreiben konnte. Doch trug er ein bedrückendes Geheimnis mit sich herum. War das die Ursache dafür, daß er wohl treulich seinen Brotherrn zu den Gottesdiensten begleitete, das Heilige Abendmahl jedoch mied? Der Pfarrer fragte nichts. Fast schweigend verrichteten beide das harte Tagewerk, zwei Jahre hindurch.

Einmal nur bekam Jakobus einen Brief. Danach wurde er noch schweigsamer.

Eines Tages fuhren sie über Land, um frisches Saatgut zu kaufen. Mit trägem, beharrlichem Stampfen zogen die beiden Kühe den Karren durch den weichen Sand des Weges. Der Dunst ihrer Leiber und das satte Knarren der Räder umhüllte die beiden müden Männer mit dem Mantel einer fast brüderlichen Vertrautheit.

Da begann Jakobus zu reden. Erst stockend, mit langen Pausen zwischen den Sätzen, dann schneller, hastig manchmal, und schließlich drängte sich wie ein Lavastrom das Geheimnis hervor, das er zwei lange Jahre in sich verschlossen hatte.

Bevor er nach Amstedt kam, war er Stadtschreiber gewesen, in einer großen und reichen Stadt, viele Meilen südlich. Er erwarb sich durch Fleiß, Gewissenhaftigkeit und Kenntnisse das Vertrauen des Bürgermeisters und war ein gern gesehener Gast in dessen Haus. Der Bürgermeister hatte eine einzige Tochter, die war sehr häßlich. Dem Jakobus tat das Mädchen leid. Und eines Tages machte er, um sie zu erheitern, eine nicht ganz ernstgemeinte Bemerkung. Die aber ließ das Mädchen glauben, er werde um ihre Hand anhalten. Zunächst blieb ihm das verborgen. Als aber das Mädchen eine vertrauensvolle Geste machte, ging ihm auf, was er angerichtet hatte. Und weil er so sehr erschrocken war, wies er sie schroffer, als es sonst seine Art war, zurück. In derselben Nacht nahm sie sich das Leben.

Das Ganze hatte sich nur zwischen ihnen beiden und so verhalten abgespielt, daß niemand das Unglück mit dem ehrbaren und angesehenen Stadtschreiber in Verbindung brachte. Dem aber lag das Geschehen schwer auf der Seele. Eines Nachts täuschte er mit dem Kahn des Bürgermeisters auf dem Fluß, der die Stadt durchzog, einen Unfall vor und verschwand.

Mit einem harten Ruck brachte Orlander die Kühe zum Stehen.

»Wem hast du davon erzählt?« fuhr er seinen Knecht an.

Der antwortete stockend: »Ich habe dem Bürgermeister mit einem Brief alles offenbart. Aber der Brief kam ungeöffnet zurück, und jemand hatte drauf vermerkt, der Bürgermeister und seine Frau hätten die Stadt verlassen, und niemand wisse, wohin. So weiß keiner von dieser Geschichte.«

Der Pfarrer rang nach Worten: »Jetzt ... aber jetzt hast du's losgebunden. Was willst du tun? Du wirst keinen Ort der Ruhe finden ... Wie Kain, der seinen Bruder erschlug.«

»Ihr habt recht!« stammelte Jakobus. »Ich habe mit ihrer Seele gespielt und meine und ihre verspielt. Laßt mich gehn. Ich werd' ein Ende machen.«

Da packte ihn der Pfarrer bei den Schultern.

»Bist du des Teufels! Gott ist Richter! Willst du ihm ins Amt fahren? Bleib! Trag deine Last! Und weil du's mir gesagt hast, muß ich sie mit dir tragen. Jetzt sind wir aneinander gebunden, und es gibt für uns beide keinen Ort, wohin wir fliehen könnten. Selbst wenn wir in die Hölle flüchteten – wir stünden vor Gott.«

»Auf!« schrie er die Kühe an.

Bis zum Sonntag lebten und arbeiteten sie schweigend nebeneinander.

Als der Pfarrer zum Gottesdienst den Hof verließ, stand Jakobus nicht wie sonst am Tor. Orlander machte kehrt und stieg schwer atmend die Treppe zur Kammer des Knechtes hinauf. Was erwartete ihn dort oben? Hatte er falsch an ihm gehandelt? – Jakobus saß auf seinem Bett, die Hände zwischen den Knien gefaltet. Ein leeres Gesicht richtete sich auf den Eintretenden. Der Pfarrer stieß die Tür auf, daß sie gegen die Wand schlug, und trat, sie freigebend, zur Seite. Langsam, als schmerze ihn jede Bewegung, erhob sich der Knecht und verließ seine Stube. Stumm gingen die beiden miteinander, wie einst Abraham mit seinem Sohn Isaak den Berg der Opferung bestiegen haben mochte.

Müde, noch müder als sonst zog sich Orlander die schmale Treppe zur Kanzel empor. Vor der letzte Stufe hielt er ein. Um Luft und Kraft ringend fiel sein Blick auf die Taube.

»Jetzt bist du dran!« flüsterte er. »Ich kann nicht mehr!«

Vergeblich suchte er später sich an seine Predigt zu erinnern. Tonlos, als habe ihn seine Seele verlassen, betete er am Altar und sang die Worte des Heiligen Abendmahls. Als er dann einladend die Hände ausbreitete und die alten Worte sprach: »Kommt, denn es ist alles bereit! Schmecket und sehet, wie freundlich der Herr ist«; da traf sein Blick den seines Knechtes. Jakobus löste sich aus seinem Gestühl und schritt zum Altar. Von Jugend an kannte er jene dunklen Worte: »Wer aber unwürdig von diesem Brot isset und aus diesem Kelch trinket, der isset und trinket sich selber zum Gericht.« ... Nun würde sich das Gericht an ihm vollziehen. Wenn es geschehen mußte, er war bereit ... Und bereit, seine Verdammnis zu besiegeln, öffnet er dem Brot des Sakramentes den Mund. »Christi Leib, für deine Sünde in den Tod gegeben.« Alte Worte waren es. Wie oft hatte er sie einst vernommen. Nun aber war's, als erwache er aus einem bleischweren Schlaf, als dränge ein erster Schimmer des Morgens durch die noch geschlossenen Lider

Vergebung! Für ihn Vergebung!

Es dauerte Wochen, bis des Jakobus Seele die Befreiung ergriff, bis der Morgen jenes Abendmahles ihm zum hellen Tag wurde. Doch mündete das Gefühl der Dankbarkeit schließlich in die unabweisbare Frage, wie er denn seine Untat wiedergutmachen könne.

»Da ist nichts wiedergutzumachen«, antwortete der Pfarrer. »Aber du darfst noch einmal anfangen zu leben. Wie und was du tun sollst, das weiß ich nicht, das muß dir der Heilige Geist zeigen.«

## *II*

In diesen Tagen mußte der altgewordene Stadtschreiber sein Amt aufgeben. Orlander verschaffte dem Jakobus diese Stelle. Der heiratete bald darauf eine Witwe mit sechs Kindern und zog in ihr kleines Haus neben dem Rathaus. Der Stadtschreiber von Amstedt bekam einen nur kärglichen Lohn. Erst durch abendliche Schreibarbeiten in Rechts-, Vertrags-, Ehe- und anderen Sachen verschaffte Jakobus seiner Familie ein hinlängliches

Auskommen. Immer wieder tauchte auf dem Grunde seiner Seele das Bild des häßlichen Mädchens auf. Doch es schreckte ihn nicht. Vielmehr ließ ihn diese Erinnerung jeden neuen Tag wie ein Sakrament, eine Begnadigung empfangen. Eine ernste Freude umgab diesen Mann. Ruhig und fromm, war er den Seinen Halt und Geborgenheit.

Nur, daß nach etwa einem Jahr eine Unruhe in ihm aufstieg. Er hatte die Worte des Pfarrers nicht vergessen. Sein Leben war zwar in eine gute Ordnung gebracht, aber wo war das, wohin der Heilige Geist ihn weisen sollte? Treu und zuverlässig schrieb er tagaus-tagein die Alltäglichkeiten des Rathauses und der Leute von Amstedt. Das glich ein wenig dem mühseligen Dasein des Pfarrers. Doch in den Predigten erlebte er, wie der auf der Kanzel ein anderer Mensch wurde und wunderbare Dinge sagte. Von Mal zu Mal verdichtete sich in ihm die Erkenntnis, das müsse mit der Taube im Schalldeckel der Kanzel zusammenhängen. Er wußte, daß sie den Heiligen Geist verkörperte. Wann endlich würde der Gottesgeist ihn, den Schreiber, das Große, Besondere tun, ja vielleicht schreiben lassen, so wunderbar wie die Predigten?

Am Nachmittag eines Sonntages hielt er die Zeit für gekommen.

Unter dem Vorwand, etwas liegengelassen zu haben, verschaffte er sich vom Glöckner die Schlüssel und schloß sich in der Kirche ein. Mit einigen Bogen Papier, Tinte und Feder bestieg er die Kanzel, breitete die Blätter auf dem Kanzelbrett aus, stellte das Tintenfaß auf die Brüstung, steckte die Feder hinein, schickte einen kurzen Blick zur Taube und sagte:

»Hier bin ich.«

Und dann stand er mit gesenktem Haupt und geschlossenen Augen und wartete.

Es geschah nichts. Ab und zu knackte es im Gebälk.

Irgendwo an einem Fenster suchte ein Schmetterling die Freiheit. Im Turm das dumpfe Klopfen der Uhr. Jakobus harrte, unbewegt. Der Stundenschlag maß ihm die Zeit.

Als der Glöckner die Abendglocke läuten wollte, entdeckte er, daß sich der Schreiber in der Kirche eingeschlossen hatte, holte den Pfarrer, und beide baten vergeblich, Jakobus möge doch öffnen. Sie holten eine Leiter. Und dann sah der Pfarrer, was sich da auf der Kanzel abspielte. Doch so viel er auch an die Scheiben klopfte und rief, Jakobus bewegte sich nicht. Durch das ausgefallene Abendläuten angelockt, sammelte sich eine große Schar Neugieriger um die Kirche, und die Nachricht flog von Haus zu Haus, der Schreiber sei sicherlich verrückt geworden.

Erregt drängte sich dessen Frau durch die Menge und flehte den Pfarrer an, doch die Tür aufzubrechen, sie habe schon seit langem das Gefühl, irgend etwas stimme nicht mit ihrem Mann. Orlander schüttelte den Kopf:

»Geht nach Hause. Jakobus braucht diese Nacht.«

Die Leute gehorchten, und er setzte sich auf den Findling vor der Kirchentür. Tief in der Nacht schreckte er auf. Er vernahm das vertraute Knarren der Kanzeltreppe, Schritte, die sich langsam der Tür näherten, plötzlich innehielten, sich wieder zurückwandten, erneut knarrte die Treppe. Einen Augenblick Stille. Und dann, Orlander hörte es deutlich, ein Ruf wie über eine Schlucht gegen eine Felswand:

»Ich bleibe! Tu etwas, sag etwas, antworte!«

Dann wieder Stille. – Beim Morgengrauen ein Schrei! Der Pfarrer hastete zum Schmied. Sie brachen die Tür auf und fanden den Schreiber zusammengesunken, von Fieber geschüttelt am Boden der Kanzel.

»Ihr habt die Taube verjagt!« schrie er, als sie ihn hinaustrugen.

Sie hatten in Amstedt kein Spital. So legte man den

Schreiber in sein Bett. Das Fieber wich nicht aus dem reglosen Körper. Entsetzlich dehnten sich für Frau und Kinder die Tage. Jeden Abend betrat der Pfarrer die Krankenstube, kniete nieder, ohne ein Wort zu sagen, erhob sich, legte dem Kranken die Hand auf, grüßte die Frau und verschwand.

Am fünften Abend vermeinte er ein Zucken in den geschlossenen Augen zu entdecken. Er schaute die Frau an, und die nickte. Ohne zu beten verließ er die Stube. Nach einer guten Stunde kam er wieder, brachte die Taube aus der Kanzel, bestieg einen Schemel, nagelte sie an den Deckenbalken über dem Bett und setzte sich zu dem Kranken.

»Kümmert Euch jetzt um die Kinder«, sagte er zur Frau, »ich bleibe hier.«

Im Kerzenschein, zwischen Dämmern und Wachen, harrte er aus. Ab und zu schaute die Frau herein. Nichts! Immer wieder blickte der Pfarrer zur Taube auf ... Im Flackern des Lichtes schien sie zum Leben zu erwachen.

»Tu doch was! Sag ihm was«, flüsterte und flehte er.

Nichts!

Mit leiser, raunender, beschwörender Stimme breitete er das Leben dieses Mannes vor ihr aus.

Nichts!

Schließlich konnte sich Orlander nicht mehr gegen die Müdigkeit wehren. Doch die Taube verfolgte ihn bis in die Träume. Ohne einen Laut segelte sie im Raubvogelflug dicht über ihn hinweg. Er wollte sie greifen. Mit klatschendem Flügelschlag entwich sie ins Unerreichbare.

Taghell war's, als er aufschreckte. Es hatte sich etwas verändert. – Jakobus! Die Augen waren weit geöffnet. Mit einem ruhigen, vertrauensvollen Blick umfing er die Taube.

»Da bist du ja!« Ein Aufatmen lag in seiner Stimme, wie wenn einer aus Alpträumen erwacht.

»Ich tue, was du mich weist. Nur sag, was es sein soll.«

Nichts!

Entsetzen packte den Pfarrer. Er glitt vom Stuhl in die Knie, barg sein Gesicht in den Händen und krümmte sich zu Boden.

»Herr«, stammelte er. »Herr, wenn du jetzt nichts tust, wird's ihn umnachten bis an sein Ende.«

Als er das gesagt, war's ihm, als stieße ihn etwas vorwärts. Ächzend erhob er sich, beugte sich über den Kranken, so daß er statt auf die Taube ihm ins Gesicht schaute.

»Jakobus!« rief er. »Jakobus! Hörst du mich? Sie hat schon längst geredet. Nur hast du es nicht vernommen. ›Ich war schon immer bei dir in diesem Hause‹, sagt sie. ›Das Große, auf das du wartest, tust du schon. Du schreibst für andere Leute. Es sind alltägliche Dinge, aber ohne dich würden sie mit ihnen nicht zurechtkommen. Sieben Menschen erhältst du das Dach über dem Kopf und das tägliche Brot, lehrst sie beten und dem Wort der Bibel gehorchen. Das ist das große Werk, das ich dir anvertraut habe, damals, als ich dir das Leben neu eröffnete.‹«

An diesem Tage sank das Fieber, und über zehn Tage schrieb Jakobus wieder. Damit er die Botschaft jenes Morgens nicht vergäße, ließ der Pfarrer die Taube am Deckenbalken. 35 Jahre lebte der Schreiber unter ihr. Er zeugte noch drei Kinder. Fünf seiner Kinder und zwei Enkelkinder mußte er begraben. Der älteste Sohn endete am Galgen. Danach starb ihm die Frau. Er aber schrieb sorgfältig und beharrlich Ratsprotokolle, Verträge, Klagen, las Schriftstücke vor und Briefe, beantwortete sie. – Manchmal war auch ein Liebesbrief dabei. Abends las er den Seinen aus dem Katechismus vor oder aus der Bibel. Sonntags saß er mit ihnen unter der Kanzel, die nun ein wenig auch seine Kanzel war.

## III

Hin und wieder jedoch wurde ihm sein Leben zur Bürde. Es verdroß ihn, daß es nie einen großen Schritt, eine bedeutende Sache gab wie bei anderen. Immer nur kleine Leute, kleine Dinge, Alltäglichkeiten! Seufzend schaute er dann zu seiner Taube auf. Aber sie schwieg. Und ihr Schweigen wiederholte ihm immer das gleiche:

Ich bin da – was willst du mehr? –

Als Justus Orlander sich zum Sterben legte, ließ er den Jakobus rufen.

»Setz dich«, sagte der Pfarrer. »Ich muß dir noch etwas mitgeben.«

Er schwieg ... Jakobus meinte, das Knarren von Rädern zu vernehmen. Ein Dunst von Kühen schien die beiden Männer einzuhüllen.

»Ich weiß ...« Orlander richtete sich ein wenig auf, ächzend, als bestiege er seine Kanzel. »Ich weiß, wie's in dir aussieht. Ich hab' vielleicht zu hohe Erwartungen in dir geweckt – damals, als ich dir sagte, der Heilige Geist werde dir schon zeigen, was du aus deinem neuen Leben machen sollst. Doch was anderes konnte ich sagen? Weiß doch niemand, wohin einen der Geist treibt. Jetzt wissen wir's beide. Ich sag dir: Ein Leben wie das deine treu zu führen und immer wieder zur Liebe zurückzufinden, das ist ein groß' Ding und ein schwereres Werk als eine schöne Predigt ... Behalt nur die Taube im Auge.«

Und dann griff der Pfarrer unter sein Kissen und holte ein unbeholfenes, unfertiges Schnitzwerk hervor.

»Eine Taube soll das sein. Der Platz in der Kanzel ist noch immer leer. Nagle die hier dran. Aber so fest, daß sie keiner mehr abnehmen kann, ohne sie zu zerstören ... Morgen wählen sie einen neuen Pfarrer. Sollte ich noch die Kraft dazu haben, will ich ihm das mit dir und der Taube erzählen. Wenn nicht, mußt du's tun. Er soll die Geschichte nicht aufschreiben, sondern im Gedächtnis behalten und sie dem erzählen, der ihm im Amt nachfolgt. Der soll das gleiche tun – alle sollen sie's tun, die das Amt in dieser Gemeinde haben. Sie werden's brauchen.«

***

Wenn die Geschichte wahr ist, warum hat der Urgroßvater sich dann nicht an Orlanders Weisung gehalten, sondern sie aufgeschrieben?

War er gegen seine Nachfolger so mißtrauisch wie der alte Ribbek von Ribbek im Havelland gegen den eigenen Sohn?

# … und erlebe nichts!

*Rede des Pfarrers Joseph mit dem stummen Christus*

Unser Herr Jesus Christus, in der Nacht, da er verraten ward …«

Es war heute der dritte Gottesdienst, in dem Pfarrer Joseph die Abendmahlsworte Christi sprach – langsam, Wort für Wort – müde, sehr müde. Er stand vor der kleinsten seiner fünf Dorfgemeinden. Mehr als acht alte Frauen und zwei noch ältere Männer kamen hier nie zusammen. Ihnen hatte er die Geschichte vom verlorenen Sohn vorgelesen, der den väterlichen Hof verließ, sein Erbe verpraßte und dann, völlig heruntergekommen, vom Vater mit einem großen Freudenfest wieder aufgenommen wurde, und vom älteren Bruder, der sich darüber ziemlich aufregte. Seine Predigt freilich widmete Joseph einem anderen Thema …

»Kommt, denn es ist alles bereit«, er breitete die Hände zu seiner kleinen Gemeinde aus, »schmecket und sehet, wie freundlich der Herr ist.«

Sie kamen alle, knieten nieder, ein wenig gebückt. Nein, da kam noch jemand. Eine Fremde, eine junge Frau. Als er ihr den Kelch reichte, ging ein Beben durch ihren Leib. »Sie wird sich verschluckt haben«, dachte er bei sich selbst, »das passiert, wenn jemand lange nicht mehr gekommen war.«

»Geht hin im Frieden!« Die Knienden erhoben sich und kehrten – immer noch ein wenig gebückt – in die

Bänke zurück. Joseph wandte sich zum Alter. Plötzlich fühlte er die junge Frau neben sich. Verblüfft schaute er in ein tränenüberströmtes freudestrahlendes Gesicht. Bevor er irgend etwas tun oder sagen konnte, hatte sie sein Gesicht zu sich heruntergezogen, küßte ihn auf beide Wangen und lief wie im Tanz aus der Kirche ...

Der Pfarrer schlug mit der Faust auf den Altar: Da war es wieder! Und vor ihm nicht einmal ein geschnitztes Gesicht, zu dem er hätte reden können, nur das nackte Holzkreuz.

»Es ist immer dasselbe! Ich predige, ich bete mit der Gemeinde, ich teile das Abendmahl aus, ich unterrichte, tröste Hinterbliebene, führe Gespräche, oft stundenlang. Manchmal sehe ich, wie bei diesen Menschen etwas passiert. Ab und zu reden sie sogar davon, von dem Glücksgefühl, weil sie wissen, daß Du neben ihnen stehst, Dunkelheiten hellen sich auf, Verkrampfungen lösen sich, sie wissen wieder, wo's lang geht, sie sind getröstet, einfach glücklich. Und ich stehe dabei – und erlebe nichts!

Wie oft habe ich darum gebettelt, nur um das Gefühl Deiner Nähe. Doch das einzige Gefühl: meine Gebete fallen hinter dem Altar herunter wie Herbstlaub. Und meine Predigten kommen mir vor wie Pfeile von einem schlaffen Bogen.

Wie oft spreche ich die wunderbaren Worte des Evangeliums, des Abendmahls, der Beichte und bitte und bettele: ›Laß mich doch auch erleben, was den Leuten vor mir unter diesen Worten widerfährt!‹ – Nichts! Ich stehe daneben, ein richtiger Joseph ...«

Die Frauen hatten ihr stilles Gebet längst beendet. Unruhe, Hüsteln. Aber das Herz des Pfarrers war zu sehr in Fahrt, als daß er etwas wahrgenommen hätte. Hilflos blickte der Organist in seinen Spiegel – der Pfarrer regte sich nicht. So intonierte er das Schlußlied. Die

Frauen saßen in den letzten Bänken, sonst hätten sie jetzt ihren Pfarrer laut reden hören:

»Ja, der Joseph, der stand auch immer dabei – daneben. Seine Frau spürt das Kind im Leibe und sie jubelt und sprudelt ihr Glück hinaus. Aber der Joseph, für den heißt es immer: Auf!

Auf! Pack den Esel, setz die Frau drauf.

Auf! Such ein Quartier, mach Feuer, koch eine Suppe.

Auf! Flieh nach Ägypten, sieh zu, daß du dort Arbeit findest.

Auf! Kehr zurück, fang wieder von vorne an.

Aber die Glückliche, die Selige oder auch die Bekümmerte und Sorgenvolle, das war immer die Maria, und er stand daneben. Und als es ganz ernst wurde, verschwand er von der Bildfläche. Ein feiner Schutzpatron für einen Pfarrer ...

So, nun sag doch was! Immer schweigst Du! Ja, ich weiß, einmal hatte ich einen großen, einen himmlischen Tag, damals, als alles anfing mit Dir und mir. Aber das ist über vierzig Jahre her!«

Der Organist hielt inne. Am Altar geschah immer noch nichts. Also weiter.

»Schau Dir die Frau an, die ist davongeschwebt wie in den Himmel. Ich habe gepredigt, ich habe gebetet, ich habe ausgeteilt. Sie ist glücklich, und ich stehe da, müde, leer, ich muß mich am Altar festhalten.

Ja, ich weiß: ohne den Joseph wäre es nicht gegangen, Maria wäre ziemlich arm dagestanden. Aber warum muß ich mir soetwas immer selber sagen! Warum sagst Du mir's nicht mal?«

Das Lied hatte nun keine Verse mehr. Pfarrer Joseph hob die Hände zum Segen. Die alten Frauen und die zwei alten Männer gingen zurück in ihr Dorf. Gebückt, ein wenig verwundert über ihren Pfarrer, aber sehr ruhig, fast zufrieden.

---

Im Pfarrhaus verschob man das Essen auf den Abend. Joseph hatte nur das eine Bedürfnis: schlafen . . .

»Das war ganz gut, was du heute gesagt hast.« Die Pfarrfrau goß ihrem Mann heiße Butter über die Grünen Bohnen. »Aber wolltest du nicht über den Verlorenen Sohn predigen?«

»Ach, darüber wird soviel geredet und geschrieben, es ist ja schon fast 'ne alte Leier geworden. Wir sollten die Geschichte mal eine Weile ruhen lassen.«

»Mich stimmt sie eigentlich immer noch glücklich, schon wenn ich an unsere Kinder denke.« Und nach einer Pause: »Aber weißt du, über den älteren Sohn predigt ihr alle dasselbe. Ich glaube, da liegt ihr falsch. Das ist mir eigentlich heute erst aufgegangen.«

»Wieso, die Sache ist doch klar: Er ist verstimmt, enttäuscht, ärgerlich auf seinen Vater, weil der den verkommenen Sohn wieder aufgenommen hat und hat sogar ein Fest draus gemacht. Und damit ist er weiter weg von seinem Vater als sein jüngerer Bruder. Also ist am Ende er der Verlorene.«

»Ich weiß nicht, ich kann den Großen gut verstehen. Da schuftet er jahraus, jahrein für den Hof. Könnte der Vater ihm nicht mal zeigen, wie stolz er auf ihn ist und wie glücklich? Und könnte das nicht ab und zu mal gefeiert werden?«

Mit einem lauten Schlag legte Pfarrer Joseph sein Besteck hin.

»Na, du hast Ideen!« – Und dann hörte er sich wieder am Altar mit dem stummen Jesus reden.- »Jetzt bin ich neugierig, mach mal weiter.«

Überrascht und fast verlegen schaute sie ihren Mann an, ein wenig Rot stieg ihr ins Gesicht.

»Also, das kommt mir eben erst: Eigentlich schilt der Vater den Sohn nicht. Er tröstet ihn. Er sagt: ›Schau dich doch mal um, du hast doch Augen im Kopf. Der Hof, die Ställe, die Scheune, das Vieh, die Hühner, das Wohnhaus, die Felder ringsum – wenn du morgens aus dem Haus trittst, kannst du dir sagen: Das gehört alles mir. Und wenn du abends vom Feld kommst und gehst durch das Hoftor, dann kannst du sagen: Hier ist mein Zuhause, alles gehört mir. Hier arbeite ich jahrelang schwer, nicht weil ich mir diesen Hof kaufen möchte, sondern weil er mir gehört.‹ Und dann wäscht der Vater seinem Sohn vielleicht doch den Kopf: ›Du bist doch kein kleiner Junge mehr, den man ständig loben und belohnen muß, damit er brav bleibt. Du bist erwachsen, wir haben die Sache mit dem Hof ein für allemal geregelt. Wer hindert dich denn daran, einen Bock zu schlachten und mit deinen Freunden ein Fest zu feiern …‹«

Mit einem Ruck sprang der Pfarrer auf.

»Ich muß in die Kirche, da ist noch was offen.«

Dann stand er am Altar im Dämmerlicht einer dürftigen Glühbirne. Auch hier wieder nur ein nacktes Kreuz.

»Entschuldige, Herr. Du brauchst nichts mehr zu sagen. Ich hab' schon verstanden. Danke.«

Er verließ seine Kirche fast so beschwingt wie die junge Frau.

»Na also, mein Joseph«, klang es hinter ihm her. Oder in ihm drin?

# Da ist ja keiner drin

*Hommage für meinen Großvater*

Mein Großvater war ein knochentrockener, hartgesottener Landarzt. Er wirkte um die Jahrhundertwende im Anhaltischen. Mit der Kirche hatte er nichts im Sinn. Den wegen seiner Tüchtigkeit weithin bekannten Ortspfarrer Simon titulierte er – so erzählte mein Vater – »Dorfbismarck im Talar«.

Das war eine glatte Kriegserklärung.

Eben darum gibt mir eine Kladde Rätsel auf, das einzige Erbstück von ihm, das die Zeiten überstanden hat. Das dicke Heft trägt auf dem schwarzen Wachstuchdeckel ein Etikett mit der Aufschrift »Pfarrer Simon, 1901–1902«.

Der Pfarrer lag damals nahezu ein Jahr lang krank. Eine Nervensache. Mein Großvater kümmerte sich intensiv und beharrlich um ihn.

Der erste Teil der Aufzeichnungen in dieser Kladde enthält eine Fülle von Notizen über den »Fall Simon«. Es muß bei dem Kranken Zustände gegeben haben, die ihn nach Gesprächen mit seinem ärztlichen Gegenspieler verlangen ließen. Aber auch mit den Krankenhausärzten und Schwestern hatte der Großvater sich besprochen. Oft war er im Pfarrhaus und einmal – der Großvater!! – beim Bischof. Im zweiten Teil hat er anhand dieses Materials in knappen Strichen die seltsame Krankengeschichte des Pfarrers nachgezeichnet.

Da nun fangen meine Fragen an. Wieso hat mein Großvater der Krankheit dieses »Dorfbismark« so viel von seiner kostbaren Zeit gewidmet? Er soll noch nachts seine Notizen eingetragen haben. Bereitete er eine wissenschaftliche Arbeit vor? Es hieß in der Familienüberlieferung, er wäre gerne an eine Universität gegangen. Oder sammelte er Material für ein Pamphlet über »Religiöse Wahnideen und ihre Schädlichkeit«? Zuzutrauen war's ihm. Doch wenn ich nicht wüßte, daß alles, was in dem Heft steht, von meinem Großvater stammt, ich hielte die Aufzeichnungen für Vorarbeiten eines Dichters zu einer Art Legende. Großvater als Legendendichter? Doch wer kennt sich schon aus bei den Altvorderen.

* * *

*1. Adventssonntag 1901.* In der Stadtkirche zu M. steht eine Weihnachtskrippe mit lebensgroßen Figuren. Sie erregt öffentliches Aufsehen. Der Bildhauer Hoppenstet hat sie aus mit Leim verkochtem Papier gefertigt und sie so geformt und bemalt, daß die Gestalten bekannten Persönlichkeiten der Stadt zum Verwechseln ähnlich sehen. Pfarrer Simon fährt mit Frau und Tochter Anna (ist fünf Jahre alt) in die Stadt, die Krippe zu besehen. Anna ist als Folge einer Hirnhautentzündung im Denken etwas verlangsamt. Sie starrt sprachlos in die Krippenszenerie und entdeckt einen Engel, der das Konterfei ihrer Klavierlehrerin darstellt. Sie klatscht in die Hände und ruft: »Fräulein Mehlmann! Sie sehen ja so schön aus!« Sie stürzt auf die Figur zu und faßt sie bei der Hand. Der Engel fällt um; Anna starrt in die innen hohle Figur und schreit: »Sie ist nicht drin!« Erregt wirft sie den Joseph um ... »Da ist ja auch keiner drin!« Bitterlich weinend steht sie mitten unter den Figuren.

*24. Dezember*. In der Weihnachtsvesper erzählt Pfarrer

Simon diese Begebenheit und zieht folgenden Schluß daraus: »Wir dürfen uns an der schönen Geschichte von Bethlehem nicht bloß delektieren und erbauen. Wir müssen nachsehen, ob wirklich was drin ist. Sollte nichts drin sein, wäre dieser Heilige Abend zum Weinen.« (Randbemerkung des Großvaters: Ein Pfarrer, dicht an der Wahrheit!) Und dann entfuhren ihm Sätze, die wohl nicht in seinem Predigtkonzept standen, eine Art schreckliche Eingebung: (Randbemerkung: Hier beginnt es!) »Man sagt ja gerne, viele Menschen trügen eine Maske, eine fromme zum Beispiel, und wenn man ihnen die Maske herunterreißt, steckt ein ganz andrer Mensch dahinter. Aber stellt euch vor, es wäre gar nichts dahinter. Stellt euch vor, wir wären wie Hoppenstets Figuren, ganz lebensecht, jeder mit seinem Gesicht – aber nichts drin, niemand drin – ihr hier auf den Bänken, die Sänger auf der Empore, ich in meinem Talar … und der Doktor – wir wären gar nicht drin …«

Unruhe in der Gemeinde. – Erschrocken über diese Abirrung seiner Rede bricht er ab und gibt seinen Worten schnell eine positive Wendung im Sinne dieses Festes …

Wieder im Pfarrhaus, in der Studierstube. Er steht, noch mit dem Talar bekleidet, am Fenster. Anna tritt leise ein, zupft ihn am Talar: »Papa, bist du da drin?« Er nimmt sie auf den Arm. Sie faßt sein Gesicht in beide Hände. »Es ist ganz warm … du bist drin.«

Wenig später in der Küche sagt seine Frau: »Was ist dir denn da eingefallen! Bin ich eine Puppe?« Er nimmt sie in den Arm. Sie küßt ihn. Mitten im Kusse schnüffelt sie, bricht den Kuß ab und ruft erschrocken: »Ich habe was in der Backröhre!« Und er denkt: »War sie nun drin in ihrem Kuß? War ich drin?«

*In der Nacht zum 25. Dezember.* Ist er wach oder träumt er? Er hat die Vorstellung, vor einem Spiegel zu stehen.

Er klappt das Gesicht hoch wie das Visier einer Ritterrüstung – und nichts ist drin. Er springt aus dem Bette, läuft ins Toilettenzimmer, kneift und knetet sein Gesicht. In ihm routiert die Frage: Bin ich drin?

Zwischen den Jahren. Bei allen Begegnungen mit Menschen peinigt ihn die Vorstellung, sie könnten nicht drin sein in ihren Gesichtern und Körpern. Am schlimmsten sucht ihn das bei dem traditionellen Kaffeekränzchen mit Amtskollegen und deren Gattinnen heim.

*2. Januar*. Simon sucht den Bischof auf. Als dieser sich hinter seinen Schreibtisch gesetzt hatte, so berichtet Simon später, sei er, Simon versucht gewesen, über den Tisch zu langen und den Bischof am Kinn zu fassen, um zu sehen, ob dessen Gesicht hochklappbar sei. Als Simon freimütig seine Halluzinationen eröffnet, versteht ihn der Bischof nicht, sagt vielmehr, Simon sei überarbeitet, was ja auch kein Wunder sei bei seiner anerkannt segensreichen und vielgestaltigen Arbeit. Als Ermunterung vertraut er ihm an, er sei schon für ein höheres Amt vorgesehen, und rät ihm, umgehend einen Urlaub zu nehmen.

*3. Januar.* Simon ist verschwunden.

*4. Januar*. Simon hat sich in seiner norddeutschen Heimat in einer Moorhütte versteckt.

*Ab 5. Januar*. Simon wird polizeilich gesucht.

*Etwa nach dem 8. Januar.* Anhaltender Sturm. Regen und Schnee. Simon erkrankt an Grippe. Tagelang hohes Fieber.

Im Fiebertraum erlebt er noch einmal die Weihnachtsvesper. Nur liest jetzt Anna die Weihnachtsgeschichte vor. Dann klettert sie an ihm wie an einem Baume empor, umarmt und küßt ihn mit den Worten: »Papa, ich hab' dich ja soo lieb!« Simon wirft sie, wie er sonst manchmal tut, vor Glück in die Höhe und erkennt, daß er das Jesuskind auffängt.

Danach langer, schwerer, traumloser Schlaf. Später beschreibt er, das Einschlafen sei ihm ein Gefühl gewesen, als versänke er in den Tod wie in das Moor.

*Wahrscheinlich um den 14. Januar*. Simon erwacht. Durch die vom Sturm aufgerissene Tür blicken die Sonne und blauer Himmel herein. Er kriecht aus der Hütte. Quälender Durst. Er schleppt sich zu einer etwa zehn Schritte entfernten Pfütze. Als er sich über sie schiebt, um zu trinken, erblickt er in ihr sein vom Fieber gezeichnetes Gesicht. Aufatmend sagt seine innere Stimme: »Ich bin drin!« Seine eintretende Ohnmacht bezeichnet er später als ein Gefühl, von der Sonne bis ins Innerste durchwärmt zu werden.

*16. Januar.* Ein Torfstecher entdeckt den Pfarrer. Man hält Simon für tot. Ohne die kundige Behandlung durch eine Diakonissenschwester wäre er auf dem Transport ins Krankenhaus tatsächlich gestorben.

*26. Januar*. Der körperliche Zustand Simons bessert sich, aber er kommt nicht zu Bewußtsein. Da sich die dortigen Kollegen aufs Warten verlegten, besteht die Frau Pfarrer darauf, ihn in unser Krankenhaus zu transportieren. Trotz großer Bedenken muß ich ihr beipflichten.

*28. Januar*. Simon liegt auf der Station von Kollg. Lohrenz.

*21. April*. Bis zum heutigen Tage ist Simon zwar immer wieder für Momente aufgewacht, redete dann aber völlig Unverständliches, wußte auch nicht, wo er sich befand. Kollg. Lohrenz diagnostiziert eine Hirnschädigung und schlägt die Verlegung in die nahe Heilanstalt vor. Ich bitte um ein Moratorium von weiteren zwei Monaten, was gewährt wird.

*7. Mai.* In einem seiner wachen Momente fragt Simon nach seiner Tochter.

*8. Mai*. Er erkennt Frau und Tochter.

*12. Mai.* Er erkennt mich. Als ich gehen will, hält er mich fest. Er will reden, ist aber zu schwach.

*Ab den 15. Mai* kann er in stetig längeren Augenblicken sprechen. Mit Zustimmung von Kollg. Lohrenz erfrage ich schrittweise die Geschichte seiner Erkrankung und vervollständige deren Bild durch Befragen der pflegenden Schwestern, Konsultationen mit Kollg. Lohrenz und seinem Assistenten, einige Besuche im Pfarrhaus und ein Gespräch mit dem Bischof, der übrigens sehr vernünftige Auffassungen vertritt und den seine irrige Einschätzung des Falles recht kränkt. Gespräche mit den benachbarten Amtskollegen dagegen blieben völlig ergebnislos. Merkwürdig!

*9. Juni.* Ein plötzlicher Rückfall, der uns alle sehr verwirrt, weil es keinen Grund dafür gibt. Er wird offensichtlich von schrecklichen Träumen heimgesucht.

*21. Juni.* Ich treffe seine erste wache Stunde. Er träumt tatsächlich. Es ist immer der gleiche Traum: Jemand mit einer dunklen Hand versucht, ihm sein Gesicht aufzuklappen und ihn herauszuholen. Ein Kind umhalst ihn fest und hält mit Küssen das Gesicht zu. Ob es seine Tochter Anna ist oder das Jesuskind, kann er nicht unterscheiden. Der Traum ist dem Fiebertraum in der Hütte verwandt.

*Bis zum 18. Juli* keine Veränderung. Eher verkürzen sich die wachen Zustände. Kollg. Lohrenz besteht auf einer Verlegung in die Heilanstalt. Man sei im Krankenhause auf eine so langwierige Behandlung nicht eingerichtet und benötige das Zimmer. Ich kann ihm nicht mehr widersprechen. Frau Pfarrer Simon jedoch will nun ihren Mann zu sich nach Hause holen. Das ist gewiß nicht falsch, doch ob sie ermißt, was sie erwartet?

*4. August.* Der Zustand ist unverändert. Die Träume scheinen in gewissen Abständen immer wieder aufzutreten. Der junge Vikar, der die pfarramtlichen Dienste versieht, behauptet, Simon reagiere auf die Verlesung von Liedern und Psalmen. Ich wohnte deshalb solchen Lesungen bei. Es ist in der Tat nicht auszuschließen, daß diese Worte, mit denen Simon ja zeitlebens hantiert hat, in das verschlossene Bewußtsein eindringen.

*9. September*. Greift nach der Hand seiner Frau. Aber das ist auch schon alles.

*11. Oktober.* Er öffnet die Augen, sieht mich, sagt: »Ah, der Doktor!« und versinkt wieder.

*18. Dezember*. Da ich über Weihnachten meine alten Eltern besuchen möchte, mein mich vertretender Nachbarkollege nicht auch noch das Pfarrhaus übernehmen kann, bringen wir Simon für zehn Tage zurück ins Städtische Krankenhaus.

Während meiner Abwesenheit begibt sich folgendes:

*24. Dezember.* Morgens gegen 10 Uhr ist Simon hellwach und bei klarem Bewußtsein. Er weiß, wo er sich befindet. Er verlangt ein kräftiges Frühstück. Dem herbeigeholten Lohrenz erklärt er, er sei jetzt gesund und wolle sofort nach Hause, es sei schließlich Weihnachten. Da kein Zureden hilft, läßt Lohrenz ihn unterschreiben, daß er auf eigene Gefahr und Verantwortung entlassen würde, und besorgt ihm einen Mietwagen. Dem Kutscher fällt nichts Besonderes an dem ihm bekannten Pfarrer auf.

Gegen 3 Uhr trifft Simon zu Hause ein. Seine Frau jedoch ist kurz zuvor, geradeswegs an ihm vorbei, mit der Bahn ins Krankenhaus gefahren. Anna ist mit dem Hausmädchen schon in der Kirche. Simon hat keinen Hausschlüssel. Er läuft um das Pfarrhaus herum, die Schneespuren zeigen das später deutlich, aber nirgends ist eine Tür oder ein Fenster offen. Nun wendet er sich zur Kirche. Er betritt von außen die Sakristei und versucht dort vergeblich seinen Talar anzuziehen. Als die Gemeinde einen Gesang beendet hat, tritt er unvermittelt vor den Altar. Die Gemeinde erstarrt. Er nickt dem Vikar Entschuldigung heischend zu und hält eine kurze Rede, deren Wortlaut fast jeder, den ich später befragte, mit gleichen Worten wiedergab:

»Ich war lange und weit fort. Ich habe viel erfahren und gelernt.

Wir feiern heute, daß Gott zu uns Menschen gekommen ist. Wozu ist Gott gekommen?

Um uns zu umarmen, zu küssen, zu lieben. Ohne das wären wir alle naturgetreue Figuren, in denen nichts drin ist – als hätte Hoppenstet seine Krippe wieder aufgebaut:

Ein naturgetreuer Pfarrer, eine naturgetreue Jungfrau, ein naturgetreuer Jüngling, eine naturgetreue Hausfrau, ein naturgetreues Mannsbild. – Aber nun ist Gott gekommen!

Jedes göttliche Wort ist eine Umarmung.

Jede Taufe ein Kuß.

Bei jedem Heiligen Abendmahle hält er zärtlich unser Gesicht fest, daß es niemand aufklappt und uns herausholt.«

Und dann zu dem jungen Vikar: »Danke!«

Er nimmt mit einer ergreifenden Geste dessen Gesicht in beide Hände.

– Geraune in der Gemeinde –

Noch einmal wendet er sich zu den Leuten:

»Ihr Lieben, es fehlt noch was. Wo unter uns keine Liebe ist, da verlieren die göttlichen Worte Jesu und seine Taufe und sein Heiliges Mahl schnell ihre Kraft, und der Dunkle hat leichtes Spiel, uns das Gesicht aufzuklappen und uns herauszuziehen.«

Mit einer leichten Verbeugung zum Vikar: »Nun macht weiter, ich geh' jetzt nach Hause.«

Er zieht sich in die Sakristei zurück. Anna, die bisher alles wortlos verfolgt hatte, eilt ihm nach.

Als der Gottesdienst zu Ende ist, findet der Vikar den Pfarrer tot am Boden liegend, den Kopf im Schoße seiner Tochter.

Diese hält sein Gesicht in beiden Händen.

* * *

Unter diese Aufzeichnungen hatte der Großvater einen kräftigen kurzen Strich gesetzt, und dann folgen die Worte: »Meine Meinung …« Doch die waren ebenso energisch durchgestrichen.

# Wären die drei Könige …

Die Leute im Ort fanden es ganz natürlich, daß der alte Caspar am Dreikönigstag zu Grabe getragen wurde. Sie hätten ihn eine ganze Woche in der Leichenhalle stehenlassen, nur damit er seinen letzten Gang am 6. Januar antreten könne.

Drei Buben trugen, verkleidet als »Heilige Drei Könige«, einen großen goldenen Stern vor dem Sarge her. Für die Trauergemeinde war das so selbstverständlich wie die blau-goldene Fahne bei dem Leichenzug eines Sangesbruders. Denn wie andere für den Gesang, die Feuerwehr oder das Turnen lebten, so Caspar für die »Drei Könige«.

Im Winter zwei Jahre nach dem Krieg war er ins Dorf gekommen. Woher? Ach, er hatte es erzählt, aber der Name war unaussprechlich, und von der Gegend hatte keiner die geringste Vorstellung. Der Lehrer vielleicht. Aber der meinte nur:

»Caspars Heimat müßt ihr nicht auf der Landkarte suchen, sondern im Geschichtsbuch. Der stammt noch aus dem Mittelalter.«

Als der Pfarrer ihn einmal so reden hörte, lachte er:

»Zu kurz geschossen, Herr Lehrer, um tausend Jahre zu kurz!«

Aber das verstand niemand. Der Pfarrer war halt fast

ein solcher Kauz wie Caspar. Und der schien oft der einzige, der auch die wunderlichsten Gedanken in den sonntäglichen Predigten verstand. Die Leichenrede fing so an:

»Liebe Trauergemeinde! Wären die drei Könige aus dem Morgenlande auf ihren dicken Hintern sitzen geblieben ...«

Da lachten sie alle – leise natürlich, man war auf dem Friedhof –, denn unzählige Male hatten sie dies Sprüchlein aus Caspars Mund gehört. Plötzlich sahen sie ihn wieder vor sich, wie er vor zwölf Jahren im Dorf aufgetaucht war: ein alter Mann in einem Soldatenmantel, eine rissige Ledertasche, mit Bindfaden zusammengehalten, unter dem Arm, das linke Bein zog er nach. Damals hieß er noch Arthur ... Im ersten Jahr arbeitete er bei Grammig, dem Holz- und Kohlenhändler. Dann starb der Ortsdiener. Caspar-Arthur ging zum Bürgermeister Derr und sagte, das sei der richtige Posten für ihn. Derr nahm ihn – warum, wußte er selber nicht genau. Aber bald gratulierten ihm alle zu diesem »guten Griff«.

Unermüdlich war der neue Ortsdiener auf den Beinen, nichts war ihm zuviel.

»Mensch, Arthur«, entfuhr es Derr eines Tages, »du bist ja immer auf Trab – mit deinem lahmen Bein ...«

Da bekam er zum ersten Male den Satz zu hören: »Wären die drei Könige aus dem Morgenlande auf ihren dicken Hintern sitzen geblieben ...«

Was dann geschehen wäre, erfuhr der Bürgermeister erst einige Wochen später. Kurz vor den Weihnachtsferien holte sich der neue Ortsdiener vom Lehrer die Erlaubnis, am 6. Januar mit ein paar Buben »Dreikönigssingen« zu machen. In seiner Heimat sei das üblich gewesen, und so eine schöne alte Sitte täte den Leuten hier sicher gut.

Und wirklich, am Dreikönigstag dirigierte er drei Buben durch das Dorf. Prächtig hatte er sie ausstaffiert, wirklich wie Könige aus dem Morgenlande. Und jeder wußte, ob er der Caspar, der Balthasar oder der Melchior war. Den Schwarzen nahmen sie in die Mitte, er trug einen prächtigen Stern. So zogen sie singend von Tür zu Tür. Die Runde begann natürlich beim Bürgermeister. Als die drei ihr Lied gesungen hatten, trat Arthur würdevoll vor sie hin, erhob laut seine Stimme und fragte:

»Was habt ihr drei uns zu lehren?«

Und die Könige antworteten im Chor:

»Wären wir drei Könige aus dem Morgenlande auf unseren dicken Hintern sitzen geblieben, wir hätten das Christkind nie gesehen!«

Es wurde schnell zu einer begehrten Ehre, »Heiliger Dreikönig« zu sein. Den Spruch von den »dicken Hintern« konnte im Handumdrehen die ganze Bubenwelt. Nur daß niemand das Wort »Hintern« mit dem eigentümlichen Klang des Ortsdieners herausbrachte. Der aber hatte irgendwann den Spitznamen »Caspar« weg.

Freilich beschränkte er seinen deftigen Spruch keineswegs auf den 6. Januar.

Eines Abends fand er den Franz vom Bürgermeister im Gasthaus allein über einem Bier vor sich hin brüten. Seine »Heimliche«, die Rosemarie aus dem Nachbarort, sollte nach dem Willen ihrer Eltern den jungen Schmied heiraten. Caspar ahnte etwas.

»Franz, wären die drei Könige aus dem Morgenlande auf ihren dicken Hintern sitzen geblieben ...«

Franz blieb nicht darauf sitzen. Den Abend noch ging er ins andere Dorf. – Er heiratete Rosemarie nicht, aber er wußte, warum, und war's zufrieden. Er redete nicht darüber, auch nicht zu Caspar. Doch setzte er sich von dem Tage an neben Caspar in die Kirchenbank. Es währte lange, bis noch einer dazukam: Georg.

Georg, der Sohn des Kohlenhändlers, verdankte dem

Caspar geradezu ein neues Leben. Er war knapp vierzehn, da geriet er bei einem Radbruch unter eine Ladung Kohlen. Zwar kam er wieder auf; aber er hinkte, und sein linker Arm blieb ohne Kraft. Aus war's mit den Zukunftsträumen des Vaters; der Junge würde das Geschäft nie übernehmen können. Das Schlimmste war, die Eltern überwanden diesen Schlag nicht, begannen jeden Tag mit Jammern und legten sich unter Klagen zu Bett. In den ersten Wochen nach dem Unglück kam ihnen viel ehrliches Mitleid entgegen. Als aber das Lamentieren kein Ende fand, hielt sich niemand länger beim Kohlenhändler auf, als unbedingt nötig. Der Pfarrer erinnerte die beiden an ihren Trauspruch: »Befiehl dem Herrn deine Wege und hoffe auf ihn, er wird's wohlmachen« ... Er stieß auf taube Ohren. Georg aber – inzwischen hatte er die Schule beendet – trieb ziel- und steuerlos durch seine Tage.

Einmal wandte sich der Lehrer an Caspar, ob der's nicht mal mit seinem Spruch versuchen wolle, damit habe er doch schon einige Leute zurechtgebracht.

Caspar drauf:

»Herr Lehrer, das Losrennen macht's nicht, man muß den Stern sehen! Hätten die drei Könige nicht den Stern gesehen, sie hätten ruhig sitzen bleiben können. – Ich sehe keinen Stern für Georg.«

Aber es stand schon ein Stern am Himmel.

Der alte Hofmann starb. Für die Gemeinde ein ernster Verlust, hatte Hofmann doch seit undenklichen Zeiten die hölzernen Grabkreuze mit Namen und Daten der Verstorbenen beschrieben – in schön geschwungener Schrift, mit Schwänzen und Schnörkeln. Sollte man das nun in der Stadt machen lassen?

»Georg, das wär' doch was für dich!«

Mehr zu Spaß und Spott hatte der Lehrer das dem daherhumpelnden Georg zugerufen. Der Junge nahm es ernst, freute sich, daß man ihm was zutraute, und war über Wochen hin auf dem Friedhof zu finden, wo er Hofmanns Inschriften kopierte, bis er's »raushatte«.

Die Leute staunten nicht schlecht, als sich bei der nächsten Beerdigung ein Kreuz präsentierte, beschriftet wie von Hofmanns Hand.

Georgs Stern war aufgegangen, aber niemand sah ihn – auch Caspar nicht.

Bis Georg eines Tages in der Stadt den Zug verpaßte und sich die Wartezeit mit einem Bummel über die Hauptstraße vertrieb. Da entdeckte er seinen Stern!

Hinter einem winzigen Schaufenster lagen große und kleine Blätter mit wunderbaren Schriften – eine herrlicher als die andere.

In silbernen Buchstaben war im Halbkreis an die Scheibe geklebt: »Graphische Anstalt«.

An der Tür ein Zettel: »Lehrling gesucht!«

Die Tür öffnete sich, und heraus trat – Caspar, ein Paket für den Bürgermeister unter dem Arm. Er sieht Georg ... sieht den Zettel ...

»Menschenskind – Georg!«

Der Kohlenhändler machte große Augen, als Caspar ihm vorschlug, morgen seinen Sohn als Lehrling in der Graphischen Anstalt anzumelden. Da gab es ein Wenn und ein Aber ... Und: Jeden Tag mit der Eisenbahn! Und: Der Bub sei doch so schwächlich, er bliebe besser noch ein paar Jahre zu Hause ... Plötzlich hatte Caspar genug, er schlug mit der flachen Hand auf den Tisch:

»Wären die drei Könige ...«

Georg wurde ein weithin gesuchter Schriftmaler. Nach wenigen Jahren beschäftigte er in eigener Werkstatt vier Männer.

Dem Caspar jedoch stieg diese Sache zu Kopfe. Das kostete einen bitteren Preis. Als er nämlich den Ludwig vom Bäcker – überzeugt, auch dessen Stern gesehen zu haben – aufs Gymnasium bugsiert hatte, blieb der nach dem ersten Jahr sitzen und sprang, weil er den strengen Vater fürchtete, aus dem fahrenden Zug. Es ging gnädig ab … nur ein paar Knochenbrüche. Doch Caspar war's in die Glieder gefahren: Von Stund' an schwieg er über seine Könige. Aus dem Dreikönigssingen wurde ein mageres Ding.

Das dauerte fast zwei Jahre. Da eröffnete ihm eines Tages der Pfarrer, er werde in eine andere Pfarrei gehen – es sei höchste Zeit. Caspar starrte ihn ziemlich verständnislos an: Verwunderlich war der Pfarrer ja manchmal, und was er so von sich gab, hatte oft einen vertrackten Hintersinn. Doch alle mochten ihn und verdankten ihm auch viel.

»Herr Pfarrer, Sie können doch Ihre Herde nicht einfach im Stich lassen!«

Damit kam Caspar schlecht an:

»Wie heißt doch Ihr Spruch: ›Wären die drei Könige …‹«

Weiter kam er nicht, denn in höchster Erregung packte ihn Caspar am Ärmel;

»Machen Sie sich nicht selbst einen Stern! – Ihr Stern steht immer noch über unserm Dorf!«

Der Pfarrer blieb und wurde bald darauf sehr krank. Oft saß Caspar an seinem Bett, mit Zittern und großer Angst im Herzen, denn er dachte an Ludwigs falschen Stern.

Ein »junger Herr Pfarrer« quartierte sich ins Pfarrhaus ein, um den Kranken zu vertreten. Natürlich erfuhr auch er von Caspars Weisheitsspruch. Und wie so die jungen Leute sind, mochte er nicht einfach, was war, lassen, wie es war, und so suchte er Caspar zu belehren:

»Herr … (er gebrauchte tatsächlich Caspars unaussprechlichen Familiennamen), die Könige fanden unter dem Stern den Heiland. Was Sie den Leuten da sagen, dreht sich doch um was ganz anderes: Es gibt für jeden den Platz, wo er hingehört, man muß ihn nur sehen. Was hat das mit dem Christkind zu tun?«

Caspar zögerte. – Und dann:

»Ohne den Heiland ist man nie am richtigen Platz.«

Der junge Pfarrer wandte sich zu gehen. Caspar hielt ihn fest:

»Noch was – der richtige Platz wird einem nicht untergeschoben wie einem alten Mann der Sessel. Da muß man losgehen, sonst wird nichts draus ... Aber man kann sich seinen Stern auch vorgaukeln, das geht manchmal schlimm aus ... Keiner kann einem abnehmen, sich zu irren. – Ich denke, es wird vergeben.«

Dergleichen brachte der alte Pfarrer in seiner Leichenrede auf Caspar nun auch vor:

»Es geht jedem sein Stern auf, aber die meisten bleiben auf ihrem dicken Hintern sitzen ... Traurig! Traurig für Menschen, traurig für Gott ... Aber da ist noch ein Stern für alle – Vergebung ...«

Manchem war das eine dunkle Rede.

Allen aber leuchtete ein, daß Bäckers Ludwig (er war Tischler geworden) einen großen schönen Stern oben an Caspars Grabkreuz genagelt hatte.

Von Georg war die Inschrift: »Arthur – genannt Caspar«. Auf der Rückseite stand in winzigen Buchstaben: »Wären die drei Könige ...« Doch das entdeckten die Leute erst nach der Beerdigung.

Etwa drei Wochen nach der Beerdigung kam ein Fremder zum Bürgermeister:

»Lebt hier ein Arthur Konierezschkow?« fragte er und hielt ihm ein altes Paßfoto hin:

»Das ist Caspar!« stieß der Bürgermeister hervor.

»Mein Vater – ist er hier wieder Pfarrer?«

Dem Bürgermeister verschlugs den Atem. Und dann – er fühlte, daß jetzt etwas kam, dem er nicht gewachsen war:

»Kommen Sie, wir gehn zum Pfarrer, der kannte ihn besser.«

Dem nahm es erst recht die Luft. Caspar – ein Amtsbruder!

»Vor drei Wochen haben wir ihn begraben.«

»Zog er das linke Bein nach? – Dann ist er's.« Eigentlich hieß er Arthur Stascheid. Er war ein geliebter Seelsorger seines Dorfes, weit im Osten zwischen den Masurischen Seen. Was er von Hitler hielt, war nicht ganz klar. Nur einmal eröffnete er seiner Familie, er wolle sich in den Warthegau versetzen lassen. Der Sohn konnte sich an jedes Wort zwischen den Eltern erinnern.

»In den neuen Ostgebieten liegt die Zukunft, auch für die Kirche«, begründete der Vater seinen Entschluß.

Die Mutter aber fuhr ihm, ganz gegen ihre Gewohnheit dazwischen:

»Du kannst deine Herde jetzt nicht im Stich lassen. Die wird dich noch mehr brauchen als bisher ... Und der Führer wird dir noch einen Haufen verlorener Schafe beitreiben!«

Da hielt er ihr den Mund zu und blieb.

Ein Jahr später kamen die ersten Flüchtlinge. Eines Morgens fuhr ein Kübelwagen mit vier Offizieren ins Dorf. Die nahmen im Pfarrhaus Quartier. Und als die Pfarrfrau nicht viel anbieten konnte, ging der jüngste zum Auto und brachte einen Ring Wurst. Danach lud der Pfarrer die Männer in seinen Keller zum Wein. Es wurde sehr laut und schließlich sangen, nein grölten sie: »Heute gehört uns Deutschland und morgen die ganze Welt!« Und der Pfarrer sang mit ... Aus der Ferne grollte, wie Gewitter, Geschützfeuer. Als die Dunkelheit anbrach, fuhren die vier weiter. Der Pfarrer fiel, offensichtlich betrunken, ins Bett.

Vor Morgengrauen schreckten die Pfarrfrau und die drei Kinder aus dem Schlaf. Pferde wieherten, Wagen knarrten, Männer fluchten und Kinder jammerten – das Dorf flüchtete. Der alte Hausknecht des Pfarrers schlug gegen die Tür, er habe angespannt, die Russen stünden schon hinter dem Wald. Die Pfarrfrau versuchte ihren Mann zu wecken, vergeblich. Dann wurde es ganz still. Der Geschützdonner war verstummt. Dafür näherte sich das Rasseln von Panzern.

»Steh auf, die Russen kommen, hör' doch, die Panzer, wir müssen fort, das ganze Dorf ist schon weg!«

Er aber drehte sich um und lallte:

»Diese Hasenfüße, das sind Unsere, jetzt verstärken sie den Sperriegel hinter Altendorf. Da beißt sich der Iwan die Zähne dran aus.«

Wortlos nahm die Frau ihren Rucksack, packte den Jüngsten am Arm und floh aus dem Pfarrhaus. Sie starb an Entkräftung. Wenig später kam der Wagen aus der Spur, stürzte um und begrub den Knecht und die beiden Schwestern unter sich. Der Junge schlug sich nach Bayern durch.

Als der Krieg zu Ende war, forschte der Sohn über den Suchdienst nach seinem Vater. Er hatte nur ein Paßfoto von ihm. Nach Jahren meldete sich jemand: Mit dem Gesuchten habe er ganz sicher ein Jahr lang in einer Baracke in einem Lager bei Gorki gelegen, aber der habe einen anderen Namen gehabt, Koniritscho oder so ähnlich. Offensichtlich war der Mädchenname der Mutter gemeint. Unter dem suchte der Sohn weiter und kam schließlich auf die richtige Adresse. Aber aus Angst, ob es wirklich sein Vater sei, und wie er ihn antreffen würde, und wie sie mit Damals fertig würden, zögerte er ein viertel Jahr – und nun war es zu spät.

Langes Schweigen herrschte im Pfarrzimmer. Und dann brummte mit mühsamer Stimme der alte Pfarrer:

»Wären wir drei Könige aus dem Morgenlande auf unseren dicken Hintern sitzen geblieben ...«

Der Besucher lachte schallend, wie erlöst:

»... wir hätten das Christkind nie gesehen! – Das ist Vater! Dieses Sprüchlein kannte das ganze Dorf!«

# Das Kreuz ohne Namen

»Wir müssen uns noch mal mit Simoneit befassen.« Auf dem Tisch vor dem Bischof lag ein Stapel von Akten, obenauf der »Vorgang Pfarrer Anton Simoneit/ Wagstadt«.

Ganz und gar geschäftsmäßig und unbischöflich brachte er den Vorgang in Erinnerung:

»Der Gemeindekirchenrat der Evangelischen Gemeinde Wagstadt hat zwar noch keine offizielle Eingabe gemacht, aber mir liegt eine ziemliche Anzahl von Beschwerdebriefen vor. Ich habe daraufhin Kirchenrat Raupp beauftragt, den Dingen an Ort und Stelle nachzugehen – diskret natürlich. Er mag das Ergebnis vortragen. Bitte, Bruder Raupp.«

Kirchenrat Raupp war die rechte Hand des Bischofs für delikate Personalfragen, von denen es mehr als genug gab – in diesen Jahren nach dem Kriegsende. Sechs Geistliche und zwei Laien saßen als provisorische Kirchenleitung um ein Viereck von ziemlich ramponierten Kasernen-Tischen. Mit wissendem Nicken reagierten sie auf den Namen Simoneit.

»Ich rekapituliere den ganzen Vorgang.«

Raupp hatte selbst eine beachtliche Akte »Simoneit« angelegt. Während er redete, blätterte er ständig suchend darin herum – die Stirn in schweren Falten, die Augenbrauen hochgezogen – offensichtlich, um sich selbst und den anderen die Merkwürdigkeiten zu bestätigen, die er vorzutragen hatte: Hier stand es ja schwarz auf weiß!

»Simoneit gehört zu den aus Pommern Vertriebenen. Seine Frau und drei Kinder sind vermißt, vermutlich auf der Flucht umgekommen. Er selbst war zeitweise inhaftiert. Wie es scheint, konnte er fliehen – darüber redet er nicht. Er hat uns einige Dokumente vorgelegt, die ihn zweifelsfrei als Pfarrer der Pommerschen Landeskirche ausweisen. Die Kirchenleitung hatte ihm daraufhin die Stelle der ländlichen Großgemeinde Wagstadt anvertraut – unter Vorbehalt natürlich. Aber dort eckte er ziemlich bald an: erstens wegen seiner seltsam brockenhaften und drastischen Art zu predigen und zweitens wegen einer eigenartigen Neugier.

Ich nenne einige Beispiele: Er wunderte sich, warum die Straße hinter dem Hauptdorf völlig unvermittelt, ohne daß es irgendein Hindernis gäbe, scharf nach links, nach dreißig Metern wieder nach rechts und nach etwa zwanzig Metern noch mal schräg nach rechts abknickte. Solche ihn verwundernden Straßenführungen entdeckte er auch in anderen Dörfer der Pfarrei. Und er fragte die Leute darum: den Bürgermeister, den Lehrer, die Leute am Stammtisch.

Dem Bauern mit dem größten Hof ging er auf die Nerven, weil er bei einem Besuch laut darüber nachdachte, warum das Haus des Nachbarn ihm die Hofeinfahrt fast abklemmte. Und jedesmal fragte er so, daß man den Eindruck bekam, er käme in absehbarer Zeit auf gewisse, etwas peinliche Vorgänge in der Geschichte dieser Gemeinde. Und das ist eine Gemeinde, in der werden seit eh und je Frömmigkeit und Sitte hochgehalten, bei Jung und Alt. Irgendwie empfand man ihn als hergelaufenen Schnüffler.«

»Also das mit der Straße«, der Bischof unterbrach den

Bericht. »Er war vor einiger Zeit hier. Er wollte wissen, ob wir ihn fest übernehmen würden. Als ich fragte, wie es ihm in Wagstadt gefiele, sagte er: ›Ein geradezu spannender Ort.‹ Na, ich finde ja diese Gemeinde eher langweilig-fromm und brav. Er aber kam gleich mit dieser abknickenden Straße und fragte mich, was ich mir für einen Reim darauf machte. Ich wußte nichts zu sagen. Und dann er: ›Ich hab's herausgekriegt. 1862 starb der Großbauer Stieling plötzlich und ohne Testament. Seine drei Söhne mußten sich nun Hof und Land teilen, sie kämpften erbittert um jeden Quadratmeter Land. Und da kam eine geradezu verrückte Zickzack-Grenzziehung heraus. 1905 sollte eine neue, möglichst direkte Straße von Unterwardorf nach Wardorf gebaut werden. Die geplante Straßenlinie durchschnitt aber den schmalen Ackerzipfel der Familie Johannes Stieling, der in den Acker der Georg Stielings hineinragte. Die Johannes Stielings stellten sich stur, sie ließen sich ihren Acker nicht zerschneiden, waren auch nicht bereit, den verbleibenden Restzipfel an die Familie Georg Stieling zu verkaufen. Also mußte die Straße drum herum geführt werden, und so läuft sie bis heute. Das Interessante daran: Johannes Stieling IV ist ein maßgebender Kirchenältester. Er sorgte dafür, daß die Nazis in der Gemeinde das Sagen behielten, und jetzt stellt er sich quer gegen die Flüchtlinge im Ort; nach seiner Ansicht hätten die hier nichts zu melden. Und die anderen Stielings kriegen im Ort kein Bein auf die Erde, auch nicht in der Kirchengemeinde.‹ Und dann fragte mich Simoneit ganz direkt: ›Was raten sie mir? Soll ich um den Stieling drum herumfahren wie die Straße oder den Kampf mit ihm aufnehmen?‹ Ich vermute, er hat den Kampf längst aufgenommen ...

So, meine Herren«, in die Stimme des Bischofs hatte sich ein kräftiger Schuß Interessiertheit gemischt, »wären Sie – zumal als völlig Ortsfremde – von einem Straßenzickzack auf dieses Gemeindeproblem gekommen? Und was hätten Sie geantwortet? – Ich habe mich mit ein paar Floskeln aus der Affäre gezogen. Aber ich glaube, er hat's gemerkt. Weiß der Himmel, welche Schlüsse er aus der engen Hofeinfahrt gezogen hat ...

Und da habe ich eine Beschwerde über eine Taufpredigt. Die muß etwa so gelautet haben: ›Ihr seid hier zwar fast alle getauft, aber ob ihr auch wirklich gläubig seid, daran habe ich meine Zweifel. Ich muß mir nur ansehen, was ihr den hungrigen Leuten aus der Stadt für ein Stück Butter, eine Leberwurst oder ein Tasche voll Kartoffeln abknöpft. Ihr wißt genau, was Jesus zur Taufe gesagt hat: Wer nicht glaubt, wird verdammt werden, ob er nun getauft ist oder nicht! Da werdet ihr wohl alle in die Hölle fahren.‹ Das nur als Illustration zu seiner Neugier und seiner drastischen Art zu predigen ... Aber bitte, Bruder Raupp, fahren Sie fort.«

Der griff nach einem neuen Blatt:

»Das Faß lief über, als er vor etwa drei Wochen mit einer geradezu kindlichen Naivität glaubte feststellen zu können, daß der neugeborene Sohn des Bürgermeisters ein Gesicht hätte, das an den Kriegsinvaliden Schullehrer erinnerte. Ich habe ein Schreiben des Bürgermeisters vorliegen ...«

Wieder griff der Bischof ein: »Ich denke, Simoneit und Wagstadt, das wird nicht gutgehen. Da er nur aushilfsweise die Pfarrstelle versieht, können wir ihn jederzeit woanders hinschicken – aber wohin?«

Nach einigem Zögern wurde eine ganze Reihe von verwaisten Pfarrstellen genannt. Doch war jedem klar, das hieße nur den Verdruß auf einen anderen Ort verschieben.

»Berghausen«, sagte plötzlich einer.

Die Älteren in der Runde zuckten zusammen.

Berghausen, das glich einer Verbannung. Seit 1943 stand dort das Pfarrhaus leer. Und auch jetzt war niemand bereit, freiwillig diese Stelle anzutreten, ohne daß man genau sagen konnte, was der Grund sei. Der alte Bischof und auch der einst zuständige Dekan lebten nicht mehr. Wahrscheinlich hatten sie einiges über Berghausen mit ins Grab genommen. Die Pfarrer der ziemlich entfernten Stadt – statt vier nur noch zwei – versorgten den Ort gerade nur mit dem Allernötigsten: Taufen, Trauungen, Beerdigungen, hin und wieder ein Gottesdienst in der schönen, sehr alten, aber langsam verfallenden Kirche.

»Vielleicht richtet er dort etwas aus«, meinte der Bischof, »Schaden kann er dort jedenfalls kaum noch anrichten.«

Also wurde Simoneit nach Berghausen versetzt.

* * *

Das Pfarrhaus war mit Flüchtlingen belegt. Zwei Zimmer im Erdgeschoß konnte man für den Pfarrer freimachen. Küche und Bad teilte er ohne Murren mit den Fremden, er war dergleichen gewohnt. Die Toilette war über den Hof.

Der Dekan stellte in einem Gottesdienst der Gemeinde den neuen Pfarrer vor. Er betonte jedoch, daß Simoneit zunächst nur mit der Verwaltung beauftragt sei, und meinte dann, daß die Gemeinde doch sicher froh sei, nach so langer Zeit endlich wieder einen Geistlichen in ihrer Mitte zu haben. Die Gemeinde allerdings zeigte keine große Gemütsbewegung. Eher betrachtete man den Neuen aus abwartenden Abstand, vielleicht sogar mit etwas heimlichem Mißtrauen.

Aber schon am Montag abend erzählte man sich im Wirtshaus, daß der Neue stundenlang auf dem Friedhof gewesen sei und die Grabstellen mit ihren Inschriften lange betrachtet habe.

Da erschien er selbst in der Gaststube, setzte sich ohne Umschweife in die Runde und bestellte ein Bier. Dann fragte er nach den Namen, und ob dieses oder jenes Grab zu der Familie des Befragten gehörte. Anhand der Gräber wußte er sehr oft schon, wer hier alteingesessen und wer neu war. Und dann wandte er sich an sein Gegenüber – erkannte er ihn als den Wortführer der Runde? Wieso?

»Mir ist aufgefallen, daß vor allen Grabsteinen Vasen für Schnittblumen in die Erde eingelassen sind, schöne, manche reich verziert, oft frische Blumen drin. Das habe ich noch nirgendwo gesehen.«

Und dann fragte er, fast nebenbei: »Was ist das für ein Kreuz, ganz dicht an der Kirchenmauer? Da steht kein Name drauf, und in der Erde steckt nur ein Marmeladenglas mit einem vertrockneten Buchsbaumzweig.«

Eine verlegene Stille folgte. Der Wirt machte ihr ein Ende mit der Bemerkung:

» Das hat schon immer da gestanden. Für wen? Weiß das einer von euch?«

Die Runde schwieg achselzuckend.

In den folgenden Wochen machte Simoneit seine Runden von Haus zu Haus und Hof zu Hof. Die Leute hatten den Eindruck, er habe aus den Grabsteinen ihre ganze Familiengeschichte herausgelesen und wüßte Bescheid über sie, ehe er das Haus betrat. Seine Frage nach dem Kreuz ohne Namen stieß überall ins Leere.

* * *

Schließlich sahen ihn die Leute an einem hellichten Sonnabend mit geschultertem Spaten zum Friedhof gehen. Was er vorhatte, jeder konnte es sich denken. Der alte Hellmann, er kümmerte sich ein wenig um den

Friedhof, sah ihn kommen und schlich ihm nach, bis zum Kreuz ohne Namen.

»Er hat sich hingekniet«, erzählte er am Abend im Gasthaus, »ist mit den Fingern in der Erde hin- und hergefahren und hat genickt. Man könnte meinen, er hat geahnt, daß schon jemand vor ihm gegraben hat, nur ein kleines Loch, so für eine Urne.«

Simoneit aber stieß den Spaten neben das Kreuz in die Erde, wandte sich der Kirche zu, durchschritt sie langsam, als trüge er eine drückende Last, und schloß sich in die Sakristei neben dem Altar. Der Schlüssel rasselte wie einst, als sie ihn im Spritzenhaus seiner pommerschen Gemeinde einsperrten. Und dumpf wie ein Gefangener hockte er auf dem Stuhl neben dem Tisch mit dem in Serie gefertigten Kruzifix. Die Zeit dehnte sich ins Unendliche. Mehr als eine Stunde mochte vergangen sein, als sich seine hart zusammengepreßten Lippen bewegten. Aber keinen Laut brachten sie hervor.

Die Kirchentür knarrte. Hellmans Enkel kam, die Mittagsglocke zu läuten. Schwer erhob sich der Pfarrer, stellte sich vor den Tisch und auf seine dürren, von blauen Adern überzogenen Fäuste gestützt starrte er dem bleigegossenen Christus ins Gesicht.

»Nein!« Wie ein ferner Donner stieg es in ihm auf.

»Nein! Nein!«

Immer wieder »Nein! Nein!« Fast im Takt der Glocke.

Plötzlich griff er den Bleistift, der hinter dem Sockel des Kreuzes lag, und schrieb, ritzte mit wütenden Strichen ein einziges Wort in die Tischplatte: Nolo! Ich will nicht!

Krachend fiel die Sakristeitür ins Schloß, mit einem dumpfen Schlag die Kirchentür. Zu Tode erschrocken ließ der Läutejunge das Glockenseil fahren, polterte die Emporentreppe hinunter und riß die Kirchentür auf. Doch niemand war zu sehen.

* * *

Am nächsten Morgen stand Simoneit vor dem Schreibtisch des Bischofs. Wieder auf dic Fäuste gestützt dieselben Worte:

»Ich will nicht!«

»Setzte Sie sich doch! Bitte, was ist passiert?«

Und Simoneit, ohne sich von der Stelle zu rühren: »Ich will nicht!«

»Sind Sie sich klar, was das für Folgen hat? Erst Wardorf und jetzt das – wir können Sie nicht übernehmen. Niemand, keine andere Kirche wird Sie nach diesen Vorfällen einstellen.«

Der Bischof kam hinter seinem Schreibtisch hervor. »Wollen Sie denn Ihr Amt aufgeben? Nicht mehr predigen? Kein Seelsorger mehr?«

Diese Worte schienen Simoneit ins Bodenlose zu stürzen, er sackte auf den Stuhl. Der Bischof setzte sich zu ihm. Ein tiefes, langes Schweigen füllte den Raum.

Und dann sickerten langsam tastend Worte, Sätze aus dem Pfarrer: »Dieses Kreuz ohne Namen . . . Da ist was Dunkles in dem Ort, irgendwas ist geschehen . . . alle schweigen. Wenn ich bleibe, komm' ich nicht dran vorbei. Was wird geschehen, wenn's ans Licht kommt? Ich bin nicht der Mann dafür. – Ist Ihnen was?«

Erschrocken gewahrte er, wie der Bischof sich an die Armlehne klammerte, als säße er einem kenternden Schiff.

»Ja, es ist was. Ich wollte ja auch nicht. Ich war Superintendent in einer anderen Landeskirche und den ganzen Krieg hindurch Soldat. Nach meiner Entlassung hat man mich hier zum Bischof berufen. Der Krieg hat in unserer Gegend furchtbar gehaust. Ich ertrinke in Arbeit. Berghausen – immer wieder mal tauchte der Name auf. Sie haben recht, irgend etwas Dunkles liegt über diesem Ort. Aber hier, bei mir in der Kirchenleitung scheinen die Jüngeren wirklich nichts zu wissen. Es gibt ein paar Ältere – wissen sie auch nichts oder schweigen sie? Ich stoße auf eine Wand. Nein, eine Wand ist das nicht, ich stoße ins Dunkle, ins Leere. Und dann denke ich, was soll ich mich um dieses Nest kümmern, ich muß erst mal erledigen, was aktuell ist, auf den Nägeln brennt. Und jetzt kommen Sie. Und plötzlich weiß ich, ich habe mich einfach gedrückt. Wahrscheinlich ist Berghausen das Brennendste in unserer Kirche. Ich bin kein Präsident, ich bin Bischof. Und da hätte ich dies zuerst anpacken sollen.«

Wieder stand ein langes Schweigen zwischen den beiden Männern.

Unter Simoneit knarrte leise der Sitz.

Dann erhob er sich, langsam, schwer, wie ein Erwachender.

»Ich will! Ich bleibe!«

* * *

Außer dem Kirchenbuch für Taufen, Trauungen und Beerdigungen, das ihm der Dekan übergeben hatte, fand Simoneit nichts Schriftliches über die Vergangenheit. Die Akten würden in der Stadt beim Dekan aufbewahrt, sagte der Bürgermeister. Über seinen Vorgänger Franz Hirsch erfuhr er nur Allgemeinheiten und daß er 1943 krank geworden und danach nicht mehr zurückgekehrt sei. Der Verbleib seiner Sachen? Den Papierkram hätte der damalige Dekan abgeholt, sagte der Bürgermeister, und die anderen Sachen, Kleider, Hausrat, Möbel und so, habe man den Flüchtlingen gegeben.

Simoneit nahm seine Besuche wieder auf. Er spürte zwar, daß den Leuten das zunehmend unangenehm wurde, aber er blieb beharrlich dabei, bis zum letzten

Haus. Einen Küster gab es nicht, so machte er alle entsprechenden Dienste selber. Die Orgel spielte eine ältere Frau aus dem Nachbarort. Von Sonntag zu Sonntag wurden die Gottesdienstbesucher weniger. Nach fünf Wochen fand er sich zum Abendmahlsgottesdienst in einer leeren Kirche. Scheinbar ungerührt sang und betete er am Altar und las die Bibeltexte. Dann bat er die Orgelspielerin zu sich herunter, hielt ihr eine kurze freundliche, ja herzliche Ansprache und reichte ihr das Abendmahl. Die Frau brach in Tränen aus und schluchzte:

»Herr Pfarrer, geben Sie acht, sonst machen die's mit Ihnen wie mit Pfarrer Hirsch.«

Ohne ein weiteres Wort stürzte sie aus der Kirche.

Der Pfarrer wandte sich zum Altar, betete laut das übliche Schlußgebet, blies die Kerzen aus, stieg auf die Orgelempore, stellte den Motor ab und verließ beinahe seelenruhig die Kirche. Noch im Talar betrat er das Wirtshaus. In dicke Rauchschwaden gehüllt stand die gesamte Männerwelt des Ortes um den Tresen. Mit einem Schlag war Stille. Mit leiser, ruhiger Stimme sagte Simoneit:

»Was ist los mit euch? Fürchtet ihr euch oder muß ich mich fürchten? Ich bin euer Hirte, nicht euer Richter.«

Und dann ging er an den Tresen, nahm eins der Biergläser und trank zwei, drei große Schluck.

»Wenn ihr nicht aus meinem Kelch trinken wollt, dann muß ich wohl aus eurem Glas trinken.«

Ballten sich Fäuste? Er wandte sich zur Tür. »Na dann macht's man gut«, und verschwand.

* * *

Am anderen Morgen lieh er sich von einem Flüchtling das Fahrrad und fuhr in die Stadt zum Dekan.

Aber der war erst nach dem Krieg hier ins Amt gekommen und wußte von nichts. Das Kirchenbuch habe er ja Simoneit bei seiner Einführung übergeben, sonst sei nichts Schriftliches vorhanden. Es könnte freilich sein, daß bei der Kirchenleitung etwas zu finden sei. Simoneit wunderte sich: das hätte ihm der Bischof doch sagen können. Also setzte er sich in die Bahn und fuhr in die Hauptstadt. Im Dienstgebäude fand er, es war schon später Nachmittag, nur noch den Hausmeister, ließ sich die Wohnung des Bischofs sagen und stand, es war fast dunkel, vor dessen Tür.

Schweigend, mit schweren Schritten betraten die beiden Männer das Arbeitszimmer des Bischofs.

»Bitte, machen Sie kein Licht.«

Mit einer beinahe liebevollen Bewegung holte der Bischof seinen Armsessel hinter dem Schreibtisch hervor.

»Bitte, hier! Ist Ihnen was? Wollen Sie was zu trinken?«

Simoneit schwieg. Sein Blick wanderte durch das Dämmerlicht des Zimmers: über die Bücherwände in offensichtlich selbstgezimmerten Regalen, das abgewetzte und durchgelegene Sofa und blieb am Schreibtisch hängen. Aktenberge ... Türme von Akten ... links und rechts neben der Schreibunterlage. Und vor ihr, eingeklemmt zwischen die Akten wie in eine Schlucht, ein Kruzifix.

Simoneit zog einen Stuhl heran. Der Bischof setzte sich. Und wieder umhüllte Schweigen die beiden.

»Hirsch!«

Es klang wie Donner in großer Ferne. Der Bischof regte sich nicht. Atmete er überhaupt? Dumpfes Schweigen.

Und dann brach's hervor:

»Was war mit Hirsch! ... ›Herr Pfarrer, geben Sie acht, sonst machen die's mit Ihnen wie mit Pfarrer

Hirsch!‹ Das hat gestern die Organistin zu mir gesagt. Es war Abendmahl, aber keiner kam in die Kirche. Und wenn ich im Gasthaus noch einen Augenblick länger geblieben wäre und vielleicht den Namen Hirsch ausgesprochen hätte, ich fürchte, sie hätten mich zusammengeschlagen ... Wer ist Hirsch und was haben sie mit ihm gemacht?«

»Bruder, Sie wissen ja, ich bin nicht aus dieser Gegend, ich lebte ziemlich weit weg von Berghausen. Bischof hier wurde ich erst Ende 45.

Von Hirsch weiß ich nur, daß er aus Gesundheitsgründen wehruntauglich war, einigen Ärger mit Nazigrößen gehabt hatte und wegen einer schweren Erkrankung seine Gemeinde verlassen mußte.«

Dann fiel ihm ein, daß ein während des Krieges pensionierter Oberkirchenrat noch in der Stadt lebte: »Naumann – Heinrich Naumann.«

Am nächsten Vormittag saß Simoneit bei dem bald Achtzigjährigen. Der hatte zunächst freilich nur bruchstückhafte Erinnerungen.

»Hirsch ... Franz Hirsch ... hatte der nicht einen Doktor? ... Warten Sie mal, das war doch die Sache mit der Urne. Richtig, jetzt kommt's mir wieder ein:

Die Kirchenleitung hat mal mit der Post eine Urne mit der Asche von Pfarrer Hirsch bekommen, dazu ein amtliches Schreiben, Hirsch sei in der Heil- und Pflegeanstalt an Lungenentzündung gestorben. Da Familienangehörige nicht bekannt seien, übersende man zuständigkeitshalber die Urne der Kirchenverwaltung. Sogar eine Rechnung lag dabei. Ich glaube, das war Ende 1944. Und wenn mich meine Erinnerung nicht täuscht, hat die Sache den Bischof in ziemliche Verlegenheit gebracht. Schließlich hat er die Urne mit einem Kurier dem Bürgermeister von Berghausen geschickt, der hatte auch den Vorsitz im Kirchengemeinderat. Aber was der dann mit der Urne gemacht hat – nie was von gehört. Ich kann mich auch nicht an die Vorgeschichte dieser Angelegenheit erinnern – beim besten Willen nicht.«

Am Nachmittag klopfte Simoneit beim Archivar der Kirchenverwaltung an.

»Der Herr Bischof hat mir Ihren Besuch schon angekündigt. Ich glaube, wir sind fündig geworden.«

Er schob einen verschnürten, offensichtlich noch nie geöffneten Aktenordner »Franz Hirsch« über den Schreibtisch.

»Ich lasse Sie jetzt allein, so könne Sie in aller Ruhe Einsicht nehmen.«

Unter den nicht allzuvielen Papieren fanden sich einige Protokolle von Kirchengemeinderatssitzungen, in denen es Auseinandersetzungen über kritische Äußerungen des Pfarrers zur nationalsozialistischen Kirchenpolitik und zur Euthanasie gab. Widerpart des Pfarrers war offensichtlich der Bürgermeister. Doch über eine Krankheit des Pfarrers und die Urne war nichts zu finden. Aber dann entdeckte Simoneit zwischen umfangreichen Notizen über den Bauzustand der Kirche und die überfälligen Reparaturen an der Orgel die Postkarte der Oberin eines Diakonissenmutterhauses weit im Norden des Landes: »Lieber Franz, Dein liebes Päckchen ist gut hier angekommen.«

Die Eisenbahnfahrt in den Norden war eine einzige Strapaze. Viermal mußte er umsteigen. Nur mit Gewalt konnte er sich durch die Wagentüren drängen und sah sich drinnen sofort eingekeilt zwischen Koffern, Körben und ausgehungerten Menschen.

Die Oberin lebte noch. Er fand sie im Feierabendhaus, und sie erinnerte sich genau:

»Eines Tages kam eine junge Frau zu uns mit einem Gruß von Pfarrer Hirsch – der war ein Cousin von mir. Sie legte mir eine Erklärung von Hirsch vor, mit Dienstsiegel drunter. Darin stand, die Magd Lena Herse sei schwanger und er der Kindsvater. Das wunderte mich bei unserem braven Franz, aber hier stand es schwarz auf weiß. Natürlich habe ich versucht, aus Lena noch ein bißchen mehr herauszukriegen, aber sie machte einen ziemlich verstörten Eindruck und war nicht in der Lage, irgendwelche Einzelheiten zu nennen, nur daß man sie umgebracht hätte und den Pfarrer dazu, wenn sie nicht geflohen wäre. Mehr hat sie auch später nicht gesagt. Das Kind, ein Junge, wurde dann im Mutterhause geboren. Wir haben es sicherheitshalber nicht dem Standesamt gemeldet. Februar 45 war das nicht sehr problematisch. Lena hat als Putzhilfe gearbeitet.

Nach Kriegsende bat sie mich, einen Brief ins Französische zu übersetzen. Sie wollte ihn ins Elsaß schicken. Wie sie das geschafft hat, weiß ich nicht. Sie schrieb einem gewissen André, daß sie mit ihrem Kind bei uns im Mutterhaus lebe. Und nicht lange danach ist tatsächlich dieser André aufgetaucht. Die haben beide vor Glück geheult. Der junge Mann hat den Buben hoch über seinen Kopf gereckt und in einem fort gestammelt: ›Mein Sohn! Mein Sohn!‹ Und dann hat er die beiden ins Elsaß mitgenommen. Nach vierzehn Tagen bekamen wir eine handgemalte Heiratsanzeige. Und vor kurzen hat Lena geschrieben, sie hätten nun noch eine Tochter. Von meinem Cousin habe ich nie wieder etwas gehört. Ich hatte damals das Gefühl, es wäre für Lena besser, wenn ich keine Verbindung mit ihm aufnähme. Lena hat übrigens nie etwas über die seltsame Vaterschaftserklärung gesagt. Irgendwo wird sie bei den Akten stecken, aber ich weiß nicht, wo.«

* * *

In der Nacht nach seiner Rückkehr klopfte die Witwe des Altbürgermeisters an Simoneits Fenster.

»Bitte, ich muß Sie sprechen – sofort!«

Er ließ sie ein.

»Kann uns hier niemand hören?«

»Ich setz' mich neben Sie, dann bestimmt nicht. Wollen Sie mir was erzählen oder ist es eine Beichte?«

»Ich erzähle ihnen was, und das ist eine Beichte. Ich kann's nicht mehr für mich behalten.

Es war 1943, unser Sohn war siebzehn. Er hatte ein Auge auf unsere Magd Lena geworfen. Aber die wollte nicht. Auf dem Nachbarhof arbeitete ein französischer Kriegsgefangener, er hieß André. Es war ja nichts nachzuweisen, aber es hieß im Dorf, Lena hätte ›was mit ihm‹. Tatsächlich, irgendwann konnte es jeder, der wollte, sehen: sie war in anderen Umständen. Eines Abends, das hat mir der alte Wilhelm erzählt, erschien sie im Wirtshaus, ich weiß nicht warum, wo die ganz jungen und ganz alten Männer zusammensaßen – die anderen waren ja an der Front. Als sie am Tisch von unserem Sohn vorbeikam, hielt der ihre Hand fest und griff ihr unter den Rock. Sie verpaßte ihm eine schallende Ohrfeige und rannte hinaus.

Da schrie er ihr nach: ›Franzosenhure! Unsere Soldaten kämpfen an allen Fronten für Deutschlands Ehre, und sie hurt mit dem Feind! Das Maß ist voll!‹

Er sprang auf und rannte ihr hinterher und die ganze Meute junger Kerle mit ihm.

›Hure‹, brüllten sie. Am Brunnen fingen sie das arme Mädchen ein, prügelten sie und schnitten ihr mit Taschenmessern die Haare ab. Sie konnte sich losmachen und rettete sich ins Pfarrhaus.

Die Jungs trommelten an der Pfarrhaustür und schrien, der Pfarrer soll die Hure herausgeben, sonst passierte ein Unglück. Da stand der Pfarrer plötzlich in der offenen Tür. Da waren sie alle still. Ganz ruhig sagte der Pfarrer:

›Geht nach Hause, ich bin der Vater von Lenas Kind.‹

Ein – zwei Tage waren wir im Dorf alle wie gelähmt.

Aber dann erschienen in der Nacht mit Fackeln die jungen Kerle wieder vor dem Pfarrhaus und schrien im Sprechchor:

›Hurenpfaffe, Judenpfaffe, Hurenpfaffe!‹

Sie warfen Steine in die Fenster und brachen die Tür auf. Da lag der Pfarrer blutüberströmt im Hausgang, von Lena keine Spur.

Ich ließ anspannen. Und wir haben den Pfarrer in die Stadt, ins Krankenhaus gebracht.

Die Polizei bekam natürlich nichts heraus. In der Kreiszeitung standen ein paar Andeutungen. Da hatte man sogar Verständnis für die erregte Jugend. André war verschwunden.

Nach einiger Zeit ging im Dorf das Gerücht um, den Pfarrer hat ein Steinwurf am Kopf getroffen und er ist verrückt geworden. Sie hätten ihn in die Heil- und Pflegeanstalt eingeliefert. Ende 1944 hat ein Bote des Bischofs die Urne des Pfarrers meinem Mann übergeben, und der hat sie heimlich bei der Nacht an der Kirchenmauer vergraben. Irgendwer hat ein Kreuz ohne Namen an dieser Stelle in die Erde gesteckt. Das Dorf hat geschwiegen. Auch als heimlich jemand ein Marmeladenglas davor in die Erde gedrückt hat und ab und zu ein Buchsbaumzweig darin stak.

Die Besatzung hat nichts von der Sache erfahren. Mein Mann ist verhaftet worden und im Lager gestorben. Der neue Bürgermeister weiß von nichts oder will es nicht wissen. Eigentlich hatten wir alle die Sache vergessen. Aber seit Sie hier sind und soviel fragen und so merkwürdig predigen, kommt alles wieder hoch. Und das wollen die Leute sich nicht gefallen lassen. Man will

Sie weghaben. Wenn's sein muß mit Gewalt. Am Sonntag im Gasthaus, da wär's passiert, um ein Haar.«

Zitternd, mit weit aufgerissen Augen starrte die Frau den Pfarrer an: »Es passiert noch mal was! Und ich weiß nicht, soll ich Sie bitten zu gehen oder doch zu bleiben?«

»Sie müssen doch auch bleiben«, flüsterte Simoneit und nahm das tränenüberströmte Gesicht in beide Hände, als sei sie seine Tochter.

* * *

Am Freitag abend stand Simoneit in der Tür des Gasthauses.

»Ich geh' Lena suchen, am Sonntag bleibt die Kirchentür für euch zu«, rief er in den Lärm und den Rauch hinein und verschwand.

Wie eine drückende Gewitterglocke lag es in den folgenden Tagen über dem Dorf.

Am Sonnabend war wieder Licht in Simoneits Zimmer. Es klopfte an sein Fenster. Er öffnete. Vier Männer standen im Dunkeln.

»Wir müssen mit Ihnen reden.«

Er ließ sie ein. Vier mächtige Kerle. Einer der Sohn des alten Bürgermeisters.

»Herr Pfarrer«, sagte der, »wir sind die letzten, wir waren es, ich habe den Stein geschmissen. Ich war wütend, daß Lena den Franzosen mochte und nicht mich. Wir haben das Dorf rebellisch gemacht. Wir wußten genau, welche Parolen ankommen würden, bei den Leuten und bei den Behörden. Eigentlich haben wir Pfarrer Hirsch umgebracht ... Und hier ist seine Urne.«

Simoneit schwieg lange. Und dann, die Urne im Arm wie ein kleines Kind:

»Pfarrer Hirsch hatte nichts mit Lena.« Simoneit sagte es ganz langsam und leise. »Er wollte sie nur vor euch schützen.« Nach einem langen Schweigen: »Morgen halten wir Abendmahl.«

Es waren nur die vier und die Bürgermeisterswitwe im Gottesdienst.

Von der Kanzel verlas Simoneit die Geschichte des Königs David, der einen Mord auf dem Gewissen hatte, um einen Ehebruch zu vertuschen. Und wie Nathan, sein Hofprediger, ihm das Verbrechen auf den Kopf zusagte, und wie David ohne Wenn und Aber zu seiner Schuld stand: ›Ich habe gesündigt wider den Herrn‹, und daß Nathan ihm daraufhin verkündete: ›So hat auch der Herr deine Sünde weggenommen.‹

»Versteht ihr«, sagte Simoneit, »warum ihr zum Abendmahl eingeladen seid? ... Und übrigens, ich habe Lena gefunden. Sie hat André geheiratet, und sie haben jetzt noch ein Kind, und sie lassen euch grüßen.«

Am Montag stand auf dem namenlosen Kreuz: PFARRER FRANZ HIRSCH – ER RUHE IN FRIEDEN. Eine prächtige Vase war in den Boden gesenkt mit einem großen Strauß Astern.

Ein Aufatmen ging durch Berghausen. Es war, als erwachten sie alle, groß und klein aus einer dumpfen Benommenheit.

Simoneit aber war seitdem verschwunden.

* * *

Am nächsten Sonntag saß fast das ganze Dorf in der Kirche. Sie schienen nichts sehnsüchtiger zu erhoffen, als daß ihr Pfarrer aus der Sakristei käme und ihnen eine seiner seltsam brockenhaften Predigten hielte. Aber statt seiner erschien der Bischof. Ohne Umschweife stieg er auf die Kanzel.

»Ich habe hier einen Brief von eurem Pfarrer«, teilte er der verblüfften Gemeinde mit. Er schreibt an euch und mich:

›Ich habe meinen Auftrag in Berghausen erfüllt und gehe nach Übersee zu meinem totgeglaubten Bruder. Im übrigen bin ich, anders als Hirsch, tatsächlich jüdischer Abstammung, jedenfalls Halbjude, und verdanke meine Rettung einem Kollegen, der mir meine Taufurkunde arisch gefälscht hatte. Das hätte ihn das Leben kosten können.‹«

Eine atemlose Stille füllte Kirche und Menschen.

»Erwartet jetzt von mir keine Predigt.« Der Bischof hatte als erster etwas Fassung wiedergewonnen. »Mir fällt nichts anderes ein – und das nicht nur für euch, sondern ebenso für mich – als ein Satz aus einem Gebet des Königs David:

ALS ICH'S WOLLTE VERSCHWEIGEN,
VERSCHMACHTETEN MEINE GEBEINE.

# Im Netz

Es war der 6. Mai. Henrich – Dr. Theo Henrich – sollte dieses Datum zeitlebens nicht vergessen. Das Datum eines Frühlingsmorgens, wie ihn Dichter lieben – gewisse jedenfalls: hellblauer Himmel, goldblanke Sonne, Amseln und Buchfinken, übermütig schwenkende Röcke, offene Kragen.

»Du hast noch zwanzig Minuten Zeit«, wunderte sich seine Frau, als er die ungelesene Zeitung entschlossen beiseite legte, sich erhob und sie küßte.

»Ich laß den Wagen hier. An so einem Morgen muß man laufen ... Gehn wir essen – heut' abend?«

»Was ist los mit dir?«

»Nichts! Nur, heute ist es eine Lust zu leben! In den Goldnen Löwen, ja? Um halb acht?«

Er nahm die Abkürzung durch den Park und die Gärten. Man müßte das festhalten können, das Blühen und Singen und eine Luft wie leichter Wein!

Selbst die Busfahrt durch die Stadt war vergnüglich. Drinnen und draußen ein buntes, lustig lärmendes Gewimmel. Herrlich leicht ließ er sich vom Trittbrett hineingleiten. Es umspülte ihn wie zu Tal hüpfendes Wasser und drängte ihn in den Strom von Frauen und Männern, die – heute fast heiter – durch das Werktor der Chemie AG Dreusberg ihrer Arbeit zustrebten. Keiner schien ihn zu bemerken, den Personalchef, der sonst in seinem schweren grauen Wagen, selber grau und schwer unter der Verantwortung für dreihundertzwölf Leute, durch die Einfahrt rollte.

»Na, Herr Doktor, zu Fuß heute und so vergnügt? Haben Sie Hochzeitstag?« Die Lenz, seine Sekretärin.

Und zum zweiten Mal: »Ach was, heute ist es einfach eine Lust zu leben!«

Es sollte lange dauern, bis er diesen Satz wieder über die Lippen brachte.

»Herr Dr. Henrich! Herr Dr. Henrich!«

Ein Lehrling drängte sich im Zickzack zu ihm durch.

»Herr Dr. Henrich, ob Sie mal schnell zu Herrn Ast kommen könnten!«

Hermann Ast verwaltete das Büromaterial im Lager gleich neben der Anmeldung.

Und dort – auf diesen Anblick war Dr. Henrich nicht gefaßt – saß, eingehüllt in einen Dunst von Schnaps, den Kopf wie schuldbewußt gesenkt, den linken Arm ohne Kraft herunterhängend, Sven Mertin, der Laborleiter. Hinter ihm, ganz der amtlich Unbewegte, Wachmann Voigt. Neben ihm, das Heiligtum seiner Kennziffernliste in der Rechten, Hermann Ast. Sein Blick signalisierte Ratlosigkeit, irgendwie Warnung und – Erleichterung, daß endlich jemand auftauchte, der ihm die Verantwortung abnahm.

»Ich sah ihn am alten Tank, oben auf der Galerie.« Voigt strotzte vor Wichtigkeit. Endlich ein Fall – sein Fall! »Er hing im Geländer wie tot. Mit der Hebebühne haben wir ihn runtergeschafft.«

Mertin! Dieses Ideal eines Laborleiters: zuverlässig, unermüdlich, der keine unlösbaren Probleme kannte und innerhalb von vier Jahren eine Schlüsselfigur für das Werk geworden war! Dr. Henrich konnte seine Betroffenheit nicht verbergen.

»Herr Mertin! – Was ist los?«

Müde hob der die Hand und ließ sie wieder fallen, so als sei doch alles sinnlos. Kein Wort, kein Blick!

Wie kriegt man ihn hier raus, ohne daß es großes Aufsehen gibt? Wenn ihn einer von seinen Leuten so sieht!

»Wir warten bis der Gang leer ist.«

Dr. Henrich sagte »wir« und beschwor damit eine Art Kumpanei. Diese Sache mußte unauffällig vom Tisch.

In der Personalregistratur, in die man nur durch das Vorzimmer des Personalchefs gelangte, stand aus unerfindlichen Gründen eine Liege. Vier Stunden schlief Sven Mertin dort unter Stöhnen und wirren Worten. Theo Henrich aber war wieder der graue Mann, der nun noch einen Verdruß mehr trug und sich ärgerte, daß sein Wagen zu Hause stand.

Als Mertin sich wieder aufrichtete, kam bei einer Tasse dicken schwarzen Kaffees die ganze Wahrheit ans Licht:

»Ich hab meine Frau umgefahren ... Nein, nicht aus Versehen – aus Wut! ... Gestern Abend vor'm Schwarzen Adler. Wir waren essen ... Sie hatte in einem fort was zu zetern: über die Putzfrau, über das Essen, den Kellner ... Und natürlich über mich: Ich hätte den Urlaub verkehrt gebucht ... Und dann kam das Schlimmste: Als ich ihr in die Jacke half, schnüffelte sie auf ihre entsetzliche Art: ›Du stinkst immer nach Labor. Wann wirst du mal in 'nem Chefbüro sitzen? ... guck dir den Dr. Henrich an ...‹ Ich kochte, und sie, sie lächelte herausfordernd. Ich ließ sie stehen, sprang in den Wagen, trat die Kupplung und ließ den Motor an. Und als ich rückwärts ausscheren wollte, lief sie, nein, sie stolzierte hinten um den Wagen und trommelte mit den Fingern auf dem Kofferraum. Da sah ich rot und ließ die Kupplung los ... Jetzt liegt sie auf der Intensivstation.«

»Wird sie durchkommen?«

Achselzucken.

»Aber stellen Sie sich vor, sie stirbt wirklich ...«

»Und die Polizei?«

»Das haben die mir abgenommen, daß ich von der Kupplung gerutscht bin.«

»Was wollten Sie auf dem alten Tank?«

»Na was wohl? Wie soll's denn weitergehen? Stirbt sie, wie soll ich damit leben? Kommt sie durch ...«

Er saß in der Falle! Aber was könnte man für ihn tun? Einfach ins Labor schicken, damit er auf andere Gedanken kommt? – Oder nach Hause? Was würde dort passieren? Ihn mitnehmen, damit er an diesem Abend nicht allein ist? Doch, was ihm sagen, was mit ihm anfangen? – Und die Verabredung mit Lily? ... Warum sollte sie für Mertins Ehetragödie zahlen? Ja, was ging ihn eigentlich diese ganze Geschichte an? Schließlich ist ein Personalchef kein Seelenarzt.

»Ach Mertin, nun sehn Sie mal nicht alles so schwarz in schwarz. Ihnen sind einfach die Nerven durchgegangen. Machen Sie sich doch nicht gleich zum Mörder! Und Ihre Frau, die hat bestimmt nichts gemerkt. – Wissen Sie was, Sie gehn jetzt nicht mehr ins Labor – ich werde dort anrufen. Gehn Sie zu Ihrer Frau, vielleicht können Sie schon mit ihr reden, Sie werden sehen, es ist nicht so tragisch. Und wenn ich Ihnen helfen kann, Sie wissen ja, wo ich zu finden bin.«

So, nun war wenigstens der Abend gerettet.

Der Frühlingstag blieb sich selber treu. Unbekümmert strahlte, sang und duftete er bis zum Abend und fing

Theo Henrichs Seele wieder ein, als der auf der Gartenterasse des Goldnen Löwen seiner Frau zutrank.

»Wie war's heute? Lief alles?«

Das hätte sie nicht fragen dürfen! Nun schob sich das Grau der Sache mit Mertin in diesen schönen Abend.

»Eigentlich nicht so. Da hat einer 'ne dumme Sache gemacht. Nicht im Betrieb. Aber ...« Und nach einer Pause: »Wir haben dreihundertzwölf Leute. Wenn ich mich auch noch um ihre privaten Probleme kümmern soll ... Komm, laß uns tanzen!«

Aber die Sache war nicht mehr abzuschütteln.

Es wurde eine schlimme Nacht. Die Hände unter dem Kopf verschränkt starrte er gegen die Schlafzimmerdecke in das Licht- und Schattenspiel der Straßenlaterne.

Im Grunde hatte er Mertin hinauskomplimentiert. Was war nun mit ihm passiert? War er zu seiner Frau gegangen? Wie hatte sie reagiert? – Wo ist er jetzt? Was tut er?

Fragen bohrten sich ins Dunkel.

Er ist ein erwachsener Mensch! Er muß doch wissen, was er tut! Bin ich denn für ihn verantwortlich? ... Aber er war schon mal bis in die Galerie geklettert.

Und dann kamen Träume. Zu Mertin wollte er, aber seine Füße gehorchten ihm nicht. – Sie saßen im Goldnen Löwen – am Tisch: Mertin und Lily. – Mit einem Fahrrad fuhr er zu Mertin, doch der Weg führte in einen endlosen Tunnel ...

Wie einer, der – schon zu Boden geschlagen – die letzten Schläge erwartet, setzte er sich am anderen Morgen an seinen Schreibtisch.

»Lenz, rufen Sie bitte im Labor an. Mertin möchte mal rüber kommen.«

»Er ist noch nicht da.«

Henrich ging in die Registratur und betrachtete die nichtssagend glatte Liege.

Warum, um alles in der Welt, hatte er sich auf diese Sache eingelassen! Er hätte ihn durch die Ambulanz einfach nach Hause bringen lassen sollen, Aufsehen hin – Aufsehen her! Nichts von der ganzen Geschichte hätte er erfahren.

Nach einer halben Stunde: »Er ist noch nicht im Labor.«

Um halb zehn brach sich ein plötzlicher Entschluß durch die Lähmung.

»Lenz, ich fahr mal hin!«

»Herr Doktor, in zwanzig Minuten ist das Einstellungsgespräch Sauer.«

»Soll warten!«

Alles Versäumte der letzten vierundzwanzig Stunden ballte sich zu einer Energie der Verzweiflung zusammen. Einem Rettungswagen gleich raste er durch die Stadt.

Es war nichts mehr zu retten.

»Gestern Abend, so viertel nach elf«, Mertins Nachbarin hatte immer noch schreckensweite Augen, »fand ihn mein Mann im Hof ... vom Balkon runter ... er hatte was getrunken ...«

Waren wir da nicht auf dem Heimweg durch den Park?

»Er war schon tot.«

Als Lily fragte ›wie war's heute‹ ... Wenn ich da hierher gefahren wäre ...

Mertins Beerdigung richteten entfernte Verwandte aus. Schwarzen Schatten gleich umstanden sie das Grab, und wie Regen an Säulen glitten Worte und Gebete des Pfarres an ihnen ab. Irgendwann vernahm Henrich die Worte vom »Herrn über Leben und Tod«, und daß es ihm »gefallen habe«. Er starrte fassungslos auf das weisse Beffchen und sah sich mit Lily tanzen und Mertin an der Balkontür. Wie das Grab, so umstanden die Verwandten dann das Krankenhausbett der Witwe. Unter ihren Blicken verdorrte Dr. Henrichs Anteilnahme zu einer Kette von Floskeln.

»Wenn Sie wieder zu Hause sind, erlaube ich mir noch einmal vorzusprechen.«

Er »sprach« wieder »vor«. Eine leise Hoffnung trieb ihn. Ob ihm nicht eine Chance gewährt würde, diesem schrecklich Endgültigen etwas wieder zu entreißen und am Ende doch nicht nur schuldig zu sein?

»... er war an dem Abend bei mir. Ich hatte ja schon so eine Ahnung. Aber als er mir die Hand tätschelte, da wußte ich's: Es war Absicht! Was hätten Sie an meiner Stelle getan? Und jetzt hat er sich aus dem Staub gemacht. Er war ja gescheit ... Ich glaube, er liebte mich immer noch ... Aber ...«

»Aber – Sie ...«

»Ich weiß schon! Sie meinen, bei so 'ner Sache sind immer beide schuld.« Ihr breites, knöchriges und vom Unfall gezeichnetes Gesicht bekam einen bitteren Zug: »Sie sind doch der Personalchef. Haben Sie nie gemerkt, daß er in der Sackgasse steckte? Hatten Sie für so einen Mann nichts Besseres als das stinkende Labor?«

»War wirklich das Labor seine Sackgasse?«

»Ja, ja, schon recht – für solche Sachen wie unsere sind Sie nicht zuständig.«

Ein schlimmes Schweigen folgte.

Hätte er's merken müssen? – War er nicht doch zuständig – spätestens seit dem 6. Mai acht Uhr?

Keine Chance.

Das Netz, gegen das er sich seit jenem Tage verzweifelt wehrte, sie hatte es mit den paar Sätzen über ihm zusammengezogen. Er war gefangen – unentrinnbar!

Lily fragte nichts. Aber ihr unentwegtes Plaudern verriet, wieviel sie ahnte.

Mitten in der vierten Fernsehfolge der Irrfahrten des Odysseus, über die er sonst auch schlimme Tage vergessen konnte, stand er auf.

»Ich muß noch mal an die Luft.«

»Ist es wegen Mertin?«

Er nickte nur.

Die Hände auf dem Rücken, wanderte er ziellos durch die Straßen. Seine Gedanken zappelten hin und her, wie ein Tier im Netz seiner Jäger. Immer wieder tauchten die beiden Augenblicke vor ihm auf: Mertin auf dem Stuhl bei Hermann Ast – Da hätte er ... Und wie er abends im Goldnen Löwen aufstand und sagte: Komm, laß uns tanzen ... Da hätte er ...

Hätte ...? Er hatte entschieden und war zuständig geworden. Er war in die Sache geraten und schuldig, unwiderruflich! Das Netz war zugezogen.

Erschöpft, wie einer, der mit letzter Kraft gekämpft und doch verloren hatte, kehrte er zurück.

»Ich geh schlafen.«

Hoffte er auf den Trost der Kindertage, geborgen in der warmen Höhle seiner Bettdecke vor der feindlichen, schuldigmachenden Welt? Würden sich Kummer, Bedrückung und Wut noch einmal in sanften Schlaf auflösen?

Ungetröstet kroch er um Mitternacht heraus. Es preßte ihm die Brust zusammen. Um Atem ringend trat er ans Fenster. Welch eine Nacht! Mild und kühl die Luft.

Sachte bewegten sich Büsche und Bäume im Licht von Laternen. Unermüdlich zirpte eine Heuschrecke. Im Park drüben Schritte, das Lachen einer Frau. Ein Auto. – Seit zwölf Jahren seine Welt. Und nun starrte er in sie hinein wie ein Fisch, den das Netz aus dem Wasser zieht.

»Theo! Was ist bloß! Sag endlich was! Du machst uns beide fertig!«

»Personalchef für dreihundertzwölf Leute. Und wenn aus dem Personal Personen werden, dann hört's auf ... Verdammt noch mal, das sind doch erwachsene Menschen! Was geh'n mich ihre blödsinnigen Tragödien an? Warum zieht man mich da rein? Ich bin doch kein Pfarrer!«

Und nach einer plötzlichen, sich langdehnenden Pause:

»Pfarrer – Pfarrer müßte man sein für sowas, oder Priester. Nichts für sich selbst wollen. Immer für sie da sein ... und irgendeine Macht hinter sich, die versöhnen kann ... Ich bin aber nur Chef! Ihr Vor-ge-setz-ter! Wieso soll ich Pfarrer spielen! – Das ist nicht mein Job!«

Pause.

»Was kann ich dafür, daß der Mertin diese Frau geheiratet hat?«

Pause.

»Nichts kann ich dafür! Aber ich bin drin! Es kam mir in die Hand, und es ist mir aus der Hand gerutscht. Jetzt bin ich drin ... Wie in einem Netz! Ich bin schuldig! Das bleibt. Mertin ist tot ... Ist da noch was zu machen, wenn einer tot ist?«

»Vielleicht.«

Seltsam ruhig klang ihre Stimme aus dem Dunkeln.

Und dann, wie das Licht einer hinter der Hand verborgenen Kerze:

»Vielleicht bist du's jetzt, der das braucht – einen Pfarrer ...«

Mit einem Ruck wandte er sich um, starrte sie an, stürzte in sein Arbeitszimmer, blätterte, nein wühlte im Telefonbuch.

Lily hörte das Ticken der Telefontasten und trat in die Tür.

»Theo – es ist nach eins!!«

Überlaut das Rufzeichen. Und dann – er hielt ihr schweigend den Hörer hin:

»Hier ist der automatische Anrufbeantworter des Pfarramtes der Lukas-Gemeinde. – Bitte legen Sie nicht auf . . .«

Er legte auf und verschwand in der Nacht.

# Gotthold und Susanna

An einem diesigen Oktobervormittag des Jahres 1911 erschien unangemeldet der frisch ernannte Konsistorialrat von Itten auf dem Hofgut des Baron von Biel in Niedersenz. Von Biel war Patron der Pfarrei Senz, mit den Orten Obersenz, Niedersenz und Hintersenz. Ohne zu merken, welche Verdächtigung er damit aussprach, begründete von Itten seinen plötzlichen Besuch:

»Bei der Übernahme meines Amtes stieß ich auf den Vorgang des Pfarrers Hübsch in Senz, der nach meiner Auffassung eine außerordentliche, persönliche Visitation erforderlich macht, unter Ausschluß jeder möglichen Vorwarnung.«

Biel betrachtete den jungen Kirchenbeamten von oben bis unten.

»Na, Sie trauen mir ja allerhand zu. Warum sind Sie nicht gleich an mir vorbei bei Hübsch in Obersenz erschienen?«

»Nun, ich wollte Sie bitten, Zeuge der notwendigen Befragungen zu sein.«

»Was hat er denn verbrochen, der arme Hübsch? ... Ach, wir wollen keine Zeit verlieren. Am Ende riecht meine Tochter den Braten, schleppt sich rauf zu Hübsch und verrät Sie. Gehn wir gleich los, Sie können mir ja unterwegs das Nötige erzählen.«

Natürlich hätte Biel auch anspannen lassen können,

doch dachte er sich, eine gute dreiviertel Stunde Fußmarsch, ständig leicht bergan, könnte die merkwürdige Aufgeregtheit des Kirchenbeamten ein wenig dämpfen, und man würde einiges erfahren, was denn Hübsch vorzuwerfen sei. Außerdem dürfte es kein Schade sein, wenn der Herr Konsistorialrat die Gegebenheiten der Pfarrei ein wenig am eigenen Leib erlebte.

Kirche und Pfarrhaus lagen in Obersenz auf einem weithin sichtbaren Hügel, zu dem ein völlig baum- und strauchloses Ackerland von allen Seiten gleichmäßig anstieg. Hintersenz lag im Westen, Niedersenz im Osten, jeweils eine dreiviertel Stunde Fußweg vom Pfarrhaus entfernt. Seit etwa einem Jahr führte eine Eisenbahnlinie von der Residenz Neustadt an Niedersenz vorbei zu den weit entfernten Walddörfern.

Das erste, was man schon vom Bahnhof Niedersenz aus sah, war nicht die Kirche auf dem Hügel, sondern ein mächtiger Turm.

»Der Bismarkturm«, erklärte Biel. »Etwas dahinter sehen Sie den Kirchturm. Hier fand die Schlacht von Obersenz statt. Sie wissen nichts davon? Also: Im Siebenjährigen Krieg übernachtete eine versprengte Österreichische Kompanie in Niedersenz und eine ebenfalls versprengte preußische in Obersenz. Als der preußische Hornist vom Kirchturm zum Wecken blies, hatte sich der Wind gedreht, und die Österreicher hörten das Signal. Während nun die Preußen in den Häusern frühstückten, rückten die Österreicher ungefrühstückt gegen die ahnungslosen Preußen vor, bis der Posten auf dem Kirchturm sie entdeckte und Alarm blies. Der Hauptmann bestieg den Turm, übersah mit einem Blick die Lage und formierte ein paar Schritte bergab eine dünne, weit auseinandergezogene Verteidigungslinie. Der Österreicher erkannte die Schwäche dieser Aufstellung und bildete einen spitzen Keil gegen den rechten

Flügel der Preußen. Aber er hatte nicht bedacht, daß seine Männer nicht gefrühstückt hatten und also ziemlich kraftlos zum Angriff übergingen. Die Preußen aber, mit warmer Mehlsuppe und Schwarzbrot im Leibe, klappten in Blitzesgeschwindigkeit ihre Linie um die Feinde herum wie eine Zange. Das war zuviel für die Österreicher. Sie stachen ihre Gewehre mit den Bajonetten in den Boden und hockten sich im Schneidersitz daneben. Alles Kommandieren ihres Hauptmanns und die Trompetensignale halfen nichts, die Schlacht war verloren, und es gab nicht mal einen Verwundeten. Aber jetzt kam das Problem: Wohin sollten die Preußen mit ihren Gefangenen? Das Gros ihrer Armee war wenigstens zwei Tagemärsche entfernt. Da entwarf der Preußenhauptmann eine geniale Kapitulationsbedingung: Die Österreicher sollten ins Dorf gehen und die Mehlsuppe und das Schwarzbrot essen, das vom Frühstück noch übrig war. Die Preußen aber würden hinuntermarschieren nach Niedersenz, dort müßte es ja das noch ungegessene Frühstück der Österreicher geben. Das sei zwar auf den ersten Blick etwas ungerecht, aber schließlich seien sie ja die Sieger. Doch während der Schlacht hatten die Kinder von Obersenz die restliche Mehlsuppe längst aufgegessen, und das Frühstück der Österreicher in Niedersenz war auch schon verzehrt.

Um die Jahrhundertwende waren die Umstände längst vergessen. Man errichtete zur Erinnerung den Bismarkturm. Zum Jahrestag erscheint noch heute die jeweilige Oberprima aus der Residenz mit ihrem Geschichtslehrer. Der erläutert vom Turm aus den Gang der Schlacht. Anschließend verzehren die Schüler im Dorfkrug ihre Schmalzbrote und trinken eine Limonade dazu.«

Der Konsistorialrat und der Patron waren inzwischen bei dem Bismarkturm angelangt und setzten sich auf die Bank neben der Turmtür.

»Sehen Sie, von Itten, das ist die Pfarrei von Hübsch. Wenn er was in Niedersenz zu versehen hat, einen Kranken oder eine Kindstaufe, läuft er hier herunter: eine dreiviertel Stunde runter und ein bißchen länger wieder rauf. Nach Hintersenz sieht's genauso aus. Und das bei jedem Wind und Wetter. Mich wundert's, daß er das schon vier Jahre lang ohne Klagen durchhält. Sein Vorgänger mußte schon nach einem Jahr die Stelle aufgeben, das war vor fünfundvierzig Jahren. Und mich wundert's gar nicht, daß die Leute von Niedersenz und Hintersenz schon seit Jahrzehnten nicht mehr daran denken, zu Gottesdiensten nach Obersenz zu laufen.

Aber die Sache mit der Schlacht ist für Hübsch noch zu einem speziellen Verhängnis geworden. Das habe ich vor einem Jahr etwa, von der Magd des Gastwirts erfahren. Und da hab' ich mit einem Schlag begriffen, woher das seltsame Verhältnis zwischen dem Pfarrer und der Gemeinde rührt.

Hübsch war nach seinem Examen Vikar und dann Hilfsprediger an St. Annen unter dem Oberpfarrer Stroh. Nach zwei Jahren starb der, und sein Nachfolger konnte mit Hübsch rein gar nichts anfangen. Das Konsistorium wußte offensichtlich auch nicht, wohin mit ihm. Es gab da viele Merkwürdigkeiten, die Stroh gedeckt hatte. Und so kamen – ein bißchen mit meiner Hilfe – die Herren auf die Idee, ihn zu uns zu versetzen, weil er hier keinen Schaden mehr anrichten könnte. Hübsch aber beschloß wohl, sich die Sache erst mal inkognito anzusehen, ehe er einwilligte. Und er erschien ausgerechnet am Gedenktag der Schlacht in Obersenz, als die Schulklasse schon wieder abgezogen war. Viel gab's für ihn nicht zu sehen. Kirche und Pfarrhaus waren ja schon seit Jahren verriegelt. Ein Rundgang durch das Dorf ergab nichts Besonderes. So ging er zum Abschluß in den Dorfkrug. Er setzte sich in die Fensterecke, zog eine Scheibe Brot aus der Rocktasche und bestellte eine Limonade. Drei Männer saßen in der anderen Ecke beim Kartenspiel.

Der Gastwirt hatte sich schon über die Ungeschicklichkeit des Gastes amüsiert, denn der stieß wahrhaftig fast an jedes Stuhlbein.

Gönnerhaft klopfte er dem Fremden auf die Schulter. ›Na, junger Mann, wohl den Anschluß verpaßt. Die Klasse ist schon eine halbe Stunde weg. Aber bis zur Bahnstation kriegst du die noch ein. Aber renn uns nicht unseren Turm um.‹

Die Skatbrüder lachten. Einer, der Dorflehrer, knallte seinen Trumpf auf den Tisch und rief:

›Schlüter, schenk ihm noch einen Kurzen ein, auf meine Rechnung, er kann ein Zielwasser brauchen.‹

Hübsch erhob sich, stieß an das Tischbein, zahlte und verließ wortlos die Gaststube.«

Der Baron stand unter leichtem Ächzen auf.

»Es wird mir kühl. Kommen Sie. Hoffentlich ist der Pfarrer überhaupt zu Hause.«

»Leider hab' ich diese Geschichte erst später erfahren, sonst hätte ich mir das dumme Gesicht von Schlüter und dem Lehrer genauer angesehen. Was mögen die für Augen gemacht haben, als der Superintendent der Gemeinde den ungeschickten ›Primaner‹ als ihren neuen Pfarrer vorstellte! Ich höre ihn noch: Mit erhobener Stimme sprach er von dem gesegneten Neuanfang für die so lange verwaiste Gemeinde. Er glaubte aber selbst nicht dran, das konnte man an seiner Stimme merken, die war so künstlich zuversichtlich.«

Nun standen die beiden vor dem Pfarrhaus. Der Konsistorialrat konnte seine Verblüffung nur schlecht verbergen, denn das Haus glich eher einer Ruine als dem Wohnsitz eines Geistlichen. Der Türklopfer dröhnte, aber niemand meldete sich. Die Tür war nur angelehnt, und nach ein paar »Hallo, ist da niemand« traten sie ein und fanden zunächst nur leere Räume voller abgebröckeltem Putz und eine überraschend saubere, aber primitive Küche. Vorwurfsvoll fragend schaute von Itten den Baron an.

»Das Patronat ist für das Pfarrhaus nicht zuständig«, entschuldigte der sich. »Vor achtzig Jahren haben wir eine Ablösung dafür gezahlt. Wir zahlen nur noch für den Kirchturm und das Dach vom Schulhaus und je drei Sechzehntel der Besoldung für den Pfarrer und den Lehrer.«

Im Obergeschoß standen sie gleich hinter der ersten Tür im Amtszimmer. Kopfschüttelnd starrte der Kirchenmann in den Raum. Am Fenster ein großer Tisch, kunstvoll geschnitzt, aber voller Risse, bedeckt mit engbeschriebenen Blättern und einer Bibel, vermutlich Notizen für eine Predigt. Links neben der Tür eine Art Gartenbank, sicher für Besucher. Hinter dem Tisch eine schmale Tür mit einer Art Briefschlitz. Daneben ein offenes Regal, im oberen Fach zwei schweinslederne alte Folianten – wohl die Kirchenbücher. Darunter vier abgegriffene Bücher, sonst nichts. Der Konsistorialrat dachte an die Amtszimmer, die er bisher besucht hatte. Alle waren sie mit Büchern fast zugemauert. War das die ganze Bibliothek des Pfarrers Hübsch? Mit schnellen Schritten, wie ein Schulmeister, der etwas Ungebührliches entdeckt hatte, ging er auf das Regal zu und musterte die vier Titel. Da verschlug's ihm denn doch den Atem. Das erste Buch: Die Bekenntnisse des Kirchenvaters Augustinus – lateinisch, das zweite, auch lateinisch: Luthers Schrift Über den unfreien Willen, das dritte eine hebräische Bibel, und das vierte Rousseaus Emile – französisch. Und alle Bücher so zerlesen, daß man meinen mußte, sie gehörten zur täglichen Lektüre ihres Besitzers.

»Ich weiß ja nicht, was unser Pfarrer eigentlich verbrochen hat, aber das hätten Sie wohl nicht erwartet. Ich warne Sie: Lassen Sie sich nicht auf einen Disput ein. Bei einem seiner ersten Besuche bei mir habe ich unter der Wirkung meines Hausweines leichtsinnigerweise das einzige lateinische Augustinzitat gebracht, das ich kannte. Er dachte wohl, er hätte einen Professor vor sich, und überschüttete mich mit Fragen und Thesen zu Augustin und mit ellenlangen lateinischen Zitaten. Ich konnte mich nur so aus der Affäre ziehen, daß wir uns gemeinsam betranken.

Mit dem Lehrer muß Ähnliches passiert sein. Im Dorfkrug gerieten sie aneinander. Zu der Zeit war's noch in der Schwebe, ob Pfarrer Hübsch die ihm zustehende Schulaufsicht übernehmen sollte. Dagegen wehrte sich der Lehrer mit Händen und Füßen. – Übrigens mit Erfolg. Denn in den Jahrzehnten der Vakanz wurde sie vom Superintendenten mehr als großzügig ausgeübt. Wieso sie in Streit gerieten, weiß ich nicht. Jedenfalls schimpfte der Lehrer den Pfarrer einen Ignoranten, unaufgeklärt, nicht auf der Höhe der Zeit und warf ihm einen markanten Satz von Rousseau ins Gesicht. Hübsch aber stotterte ihm ellenlange Rousseau-Sätze dagegen, auf Französisch, und übersetzte sie gleich.

Seitdem ist der Lehrer sein ärgster Feind. Zusammen mit dem Gastwirt, der seine Blamage auch nicht vergessen kann, hat er die drei Dörfer gegen den Pfarrer aufgehetzt – mit großem Erfolg. Bei dem Zustand unter den Pfarrkindern kein großes Kunststück. Hübsch steht jeden Sonntag in einer leeren Kirche, sogar an Karfreitag und Weihnachten.

Aber nun kommt das Stärkste: Durch den Ortsdiener ließ er ausrufen, er werde in allen drei Dörfern zweimal in der Woche die Kinder in Religion unterrichten, die Alten und Kranken besuchen und in Obersenz jeden

Sonntag um 10 Uhr Gottesdienst halten, auch wenn nur die Schwalben und die Fledermäuse teilnähmen. Und das hat er bis heute durchgehalten. Nach drei Jahren bekam er *einen* Zuhörer für seine Predigten: meine Tochter Susanna. Sie ist jetzt neun Jahre alt. Bis jetzt pilgert sie jeden Sonn- und Feiertag hier herauf, hört zu, singt mit und gibt ihm einen Pfennig Taschengeld in die Kollekte. Sie will ja immer, daß ich mal mitgehe, aber ich bin früher nicht gegangen, und wenn ich jetzt ginge, machte ich mir alle Dörfer zu Feinden. Und so lasse ich mir von Susanna erzählen, was er gepredigt hat. Also wenn ein Kind soviel Gewichtiges behält, muß er schon ein guter Prediger sein und sich viel Arbeit machen – für ein einziges Kind! . . . Aber jetzt verraten Sie mir doch mal, was er eigentlich verbrochen hat.«

»Das ist ganz einfach und doch unbegreiflich: Jedes Jahr zu Epiphanias bekommt die Konsistorialkasse aus Senz eine Goldmark als Kollekte, ohne jede Abrechnung. Jedesmal fordert die Kasse eine detaillierte Aufstellung, wie das Geld zusammengekommen ist – er antwortet nicht. Auch die anderen Schreiben und Verfügungen – er reagiert einfach nicht . . .«

Der Konsistorialrat hielt plötzlich inne, hob schnuppernd die Nase: »Ein merkwürdiger Geruch hier, finden Sie nicht auch?«

»Nö«, antwortete der Baron ungerührt. »Na, das werden Sie in Ihrer Kanzlei nicht kennen. Hier riecht's überall so in den alten Häusern. Das sind die Mäuse!«

Unten knarrte die Treppe. Und dann stand Gotthold Hübsch in der Tür. Vor Überraschung bekam er keinen Ton heraus. Das Kinn zitterte und der Kopf zuckte im Genick.

»Konsistorialrat von Itten«, stellte der Baron vor. »Und dies ist der Stelleninhaber, Pfarrer Gotthold Hübsch. Ich denke, wir setzen uns.«

Von Itten nahm hinter dem Tisch Platz, der Pfarrer und der Patron auf der Bank, beinahe wie Angeklagte.

Eine verlegene Stille trat ein. In den Wänden war ein leises Rascheln zu hören – Mäuse?

»Bitte, Herr von Itten«, half der Baron dem Visitator auf die Sprünge.

»Ja, also – ich mache es kurz: Sie sind seit vier Jahren hier Amtsinhaber. Und in dieser Zeit hat das Konsistorium von Ihnen keine Rechnungslegung, keinen Bericht über Amtshandlungen, Gottesdienstbesuch, die Schule, den Zustand der Gebäude erhalten und das trotz wiederholter schriftlicher Anfragen. Wir haben Ihnen Formulare geschickt, amtliche Verfügungen, im letzten Jahr war der Bericht über den sittlich-moralischen Zustand der Gemeinde angezeigt – nichts!«

Hübsch war bei jedem Satz weiter in sich zusammengesunken. Jetzt richtete er sich auf:

»Ich habe keine Zeit dafür.«

Und als der Konsistorialrat verständnislos bald den Patron, bald den Pfarrer musterte:

»Als ich ordiniert wurde, habe ich versprochen, zu predigen, zu taufen, zu trauen, zu beerdigen, die Kinder zu lehren, die Witwen und Waisen zu besuchen – die Witwer auch –, mich der Alten und Kranken anzunehmen, für die Gemeinde zu beten und auf Sitte und Anstand zu schauen. Und das tue ich: Morgens um sieben halte ich je zweimal in der Woche in einem Dorf Religionsunterricht. Anschließend besuche ich die Alten und Kranken, das sind immer so fünf bis sechs Häuser. Und dann gibt's da meist zwei oder drei Familien, wo sie Sorgen haben. Vor vier Uhr bin ich selten fertig. Und von Nieder- und Hintersenz ist es dann noch eine dreiviertel Stunde bis hier herauf. Und weil ich in den Häusern nichts esse und hier oben nur einmal in der Woche und am Sonntag in den Dorfkrug gehe, muß ich mir ja was zu essen machen. Meist ist mir dann im Kopf so dumm – das rührt von meinem Unfall her –, daß ich dann wirklich Ihre Briefe nicht mehr lesen kann. Anfangs habe ich's ja probiert. Aber, seien Sie mir nicht böse, das lohnt auch nicht die Mühe. Wenn's noch geht, arbeite ich lieber an meiner Predigt ...«

»Und wo sind die Schreiben? Ich sehe keine Akte, keinen Ablagekasten!« Der letzte Satz hatte von Itten offensichtlich aufgebracht.

»In der Aktenkammer«, der Pfarrer wies auf die Tür neben dem Regal.

»Die Herren erlauben, daß ich jetzt meines Amtes walte.« Jeder Schimmer von Zugänglichkeit oder Verstehenwollen war aus dem konsistorialen Gesicht gewichen. Mit einer steifen Bewegung erhob sich von Itten und machte zwei fast exerziermäßige Schritte auf die fragliche Tür zu. Doch die Tür ließ sich nicht öffnen, nicht einmal die Klinke bewegte sich.

»Wann haben Sie denn zum letzten Male diese Aktenkammer betreten?«

Hübsch zuckte die Achseln.

»Aber eben noch haben Sie behauptet, unsere Schreiben und Verfügungen hier abgelegt zu haben ...«

Der Pfarrer zog seinen Kopf ein wie ein ertappter Schuljunge und zeigte auf den Schlitz in der Tür.

Entgeistert starrte der Konsistorialral bald den Patron, bald den Delinquenten an:

»Einfach hier reingesteckt? Haben Sie die Schriftstücke überhaupt gelesen?«

»Ehrlich gesagt: nein! Was ich an einem Tag in den Gesichtern von Kindern, von Alten und Kranken und ihren Familien lesen muß – da hat nichts mehr Platz in meinem Kopf. Die ersten Schreiben habe ich mir ja noch vorgenommen, aber ich verstehe sie einfach nicht ...«

Jetzt war's um die Ruhe des Visitators geschehen:

»Herr von Biel erzählt mir, Sie könnten seitenweise lateinische und französische Texte zitieren, offensichtlich lesen Sie auch die hebräische Bibel, und dann wollen Sie mir weismachen, Sie verstünden die klare Sprache unserer Schreiben nicht ...«

Doch nun bockte Hübsch – wie aus einem Vulkan brodelte es aus ihm heraus:

»Ich besuche seit zwei Jahren den alten Salzmann. Er sitzt den ganzen Tag im Bett, starrt vor sich hin, spricht kein Wort. Seine Frau füttert ihn, legt ihn wer weiß wie oft trocken und gibt ihn nicht in eine Pflegeanstalt, weil sie's ihm versprochen hat. Sie schläft neben ihm und wacht ein paarmal auf und horcht, ob er noch atmet, und weiß nicht, ob sie fürchtet oder hofft, daß es mit ihm zu Ende ist. Ich rede mit der Frau, lese den beiden einen Psalm, ein Stück aus dem Evangelium und bete mit ihnen. Und manchmal, wenn ich denke, Salzmann – ist das überhaupt noch ein Leben, dann sagt er laut ›Amen‹. Und dann komme ich nach Hause und es liegt einer von Ihren Briefen auf der Treppe – verstehen denn Sie, was die mit Salzmann zu tun haben?

Und dann verlangen Sie, ich solle einen Nachweis über die Kollekten führen. Sollten Sie wirklich nicht wissen, daß aus keinem der Dörfer irgend jemand je zur Kirche kommt? Wenn nicht, dann können Sie nachher den Herrn Patron fragen, der wird Ihnen auch die Gründe sagen. Aber ob Sie's glauben oder nicht: Ich halte jeden Sonntag um zehn Uhr einen Gottesdienst mit einer Predigt. Seit einem Jahr findet sich ein einziger Teilnehmer ein, das ist Susanna, die Tochter des Herrn Baron. Was glauben Sie, was das für eine Arbeit ist, einem neunjährigen Mädchen eine Predigt zu halten, die es von Anfang bis Ende versteht, und die mehr ist als bloß eine Mahnung, brav zu sein und das Nachtgebet nicht zu vergessen!

Verstehen Sie jetzt, warum ich keinen Sinn darin sehe, die Schreiben des Konsistoriums zu lesen oder gar zu beantworten? Ich denke, der Herr Baron hat auch keinen Sinn darin gesehen, denn bestimmt hat er auch solche Briefe bekommen.

Und im übrigen sind Sie ja nun hier und können sich selber alles ansehen, was Sie wissen wollen.«

Blaß vor Amtszorn holte von Itten Luft, aber Hübsch war so in Rage geraten, daß er ihn nicht zu Wort kommen ließ.

»Jetzt werden Sie fragen, wann ich denn nun gedächte, meine versäumten Amtspflichten nachzuholen. Ist schon erledigt. Das machen die Mäuse. Wenn ich über meiner Predigt sitze, höre ich sie arbeiten. Sie riechen etwas streng, aber daran gewöhnt man sich.

Und die Kollekte – ich habe Susanna verboten, mehr als einen Pfennig in den Beutel zu stecken. Der Rest ist von mir.

Darf ich Sie jetzt zu einer Vesper in den Dorfkrug einladen?«

»Sie dürfen nicht. Aber das wird Konsequenzen haben. Ich rate Ihnen, das nächste Schreiben nicht an die Mäuse weiterzugeben.«

Im Sturmschritt begab sich von Itten auf den Rückweg. Erst auf dem Hofgut war er seiner Empörung soweit Herr, daß er mit kaum verdeckter Schärfe fragte:

»Sie sind hier Patron! Wieso haben Sie uns nie unterrichtet?«

»Über was? – Der ist doch hier genau richtig. Oder wußte der Herr Bischof nicht, wen er da zum Pfarrer ordinierte? Und sollte das hohe Konsistorium den Hübsch zu unserem Pfarrer ernannt haben, ohne seine besonderen Umstände zu kennen? Haben Sie seine

Personalienakte nicht gelesen, bevor Sie hier heraufkamen?«

»Sie werden es mir nicht glauben: Es gibt keine!«

»Keine Akte im Konsistorium!! Das glaube, wer will! Wahrscheinlich hält sie der Herr Bischof im Giftschrank verschlossen.

Aber setzen Sie sich doch erst mal. Ihr Zug kommt noch lange nicht. Was Starkes können Sie jetzt wohl gebrauchen, und mir werden Sie doch ein Vesperbrot nicht auch abschlagen. Und dann erzähl' ich Ihnen mal etwas aus Gotthold Hübschs Lebenslauf.«

Nach zwei selbstgebrannten Schnäpsen hatte Konsistorialrat von Itten wieder ein wenig Gleichgewicht gefunden, die Mamsell – von Biel war Witwer – servierte Brot, Butter und Schinken. Die Tür öffnete sich einen Spalt weit.

»Komm rein, Susanna, und sag' dem Herrn Konsistorialrat Guten Tag.«

Der war etwas erschrocken über das blasse, großäugige Mädchen. Sie machte einen braven Knicks, schaute aber zu ihrem Vater:

»Habt Ihr was mit unserem Pfarrer gemacht?«

»Keine Angst, er lebt noch. Aber geh wieder zu Hedwig, wir haben was Schwieriges zu besprechen.«

Und als sie die Tür geschlossen hatte: »Sehen Sie, sie hat einen guten Riecher. Sie ist sehr krank – die Lunge – wie bei meiner Frau. Da ist wohl nichts zu machen, nicht mal in der Schweiz. Am Sonntag bringe ich sie noch mal zur Kirche, dann wird sie's nicht mehr schaffen. Vielleicht kommt ja Hübsch ab und zu mal runter. Oder werden Sie ihn abberufen?«

Eine unentschiedene Handbewegung war die Antwort.

»Also, jetzt erzähle ich Ihnen Hübschs Berufungsgeschichte. Ich weiß sie von meinem Studienfreund, Kirchenrat Stroh, der von St. Annen, der kannte Hübsch schon aus dessen Kinderzeit.

Er war der Sohn des Schullehrers in Strohs damaliger Landgemeinde. Eines Tages leistete er sich Folgendes:

Das schwarze Huhn des Schullehrers war gestorben. Für den Lehrerhaushalt ein ziemlicher Verlust. Gotthold und die Nachbarskinder waren sich einig: ein solches Huhn kann man nicht einfach verscharren, das muß man richtig beerdigen. Wer soll es beerdigen? – Na der Lehrerssohn natürlich. Der hing sich das große schwarze Tuch seiner Mutter um, band sich ein weißes Taschentuch um den Hals. Dann gruben sie neben der Kirche ein Grab für das Huhn und Gotthold hielt – einfach so – ungefähr diese Grabrede:

›Was war das für ein wunderbares Huhn! Treu legte es jahrelang fast jeden Tag ein Ei. Es fraß alles, was man ihm hinstreute. Wenn man's rief, kam es angerannt. Und wenn's einen Hühnerhimmel gibt, wünschen wir ihm alle eine fröhliche Auferstehung.‹

Die Jungen waren tief bewegt von dieser Ansprache und einer rannte in die Kirche, griff das Glockenseil, das damals im Eingang hing, und läutete wie zur Beerdigung üblich. Stroh hörte es, stürmte aus dem Pfarrhaus die Kirchgasse entlang und sah, was da geschah. Er packte Gotthold beim Ohr und zog ihn in seiner Verkleidung durch die Gasse. Aus Fenster und Türen schauten Frauen, Kinder und alte Leute und lachten. Im Studierzimmer bahnte sich ein schreckliches Strafgericht an. Schweigend stand die Pfarrfrau dabei. Doch als Stroh den Übeltäter über das Knie legte, hielt sie ihrem Mann die Hand fest. ›Laß ihn! Der wird mal Pfarrer!‹

Und Stroh hörte auf seine Frau. Er ließ den Jungen seine Leichenrede für das Huhn aufschreiben. Und da wurde ihm schon klar, daß seine Frau recht hatte. Er nahm Gotthold unter seine Fittiche, unterrichtete ihn in Latein und Griechisch, ließ ihn Psalmen und Kirchenlieder auswendig lernen und die Taufen, Trauungen und Beerdigungen in die dicken alten Kirchenbücher eintragen.

Der Schullehrer war mächtig stolz auf seinen Sohn. Er nahm Schreibarbeiten beim Bürgermeister und in der Gutsverwaltung an, um ihn für die letzten beiden Jahre in der Stadt ans Gymnasium gehen zu lassen.

Kurz davor geschah das Schreckliche. Ein plötzliches Unwetter riß das Scheunentor des Lehrerhofs auf und schlug es dem Jungen ins Gesicht. Zwar kam er mit dem Leben davon, doch hatten sich seine Gesichtszüge verschoben. Von einer zeitweiligen Lähmung behielten Hände und Füße eigentümlich eckige Bewegungen zurück, und für fast ein Jahr war seine Sprache ein kaum verständliches Lallen.

Bei der Entlassung aus dem Krankenhaus rieten die Ärzte, Gotthold in die Heil- und Pflegeanstalt zu geben. Die fassungslosen Eltern wollten nach einigem Zögern zustimmen. Da stellte sich Stroh quer und nahm den Jungen ins kinderlose Pfarrhaus. Mit liebevoller Beharrlichkeit und Festigkeit, das ging bis an die Grenze der Härte, brachte das Pfarrehepaar den Jungen so weit, daß er nach vier Jahren als Externer die Reifeprüfung bestand. Dann trat er das Studium der Theologie an. Anfangs lächelte man dort über den etwas seltsamen Studiosus. Er stieß sich an allen Tischkanten und Treppenstufen, sprach langsam und ein wenig lallend. Seine Schrift war krakelig, und wenn er sich erregte, mußte er Speichelbläschen aus dem linken Mundwinkel tupfen. Doch das Amüsement machte bald einer stillen Hochachtung Platz. Es gab keinen Stoff, mit dem er nicht auf seine langsame Art schließlich zurechtkam. In den Lehr- und Prüfungsgesprächen verblüffte er nicht selten durch eigenartig tiefsinnige Gedanken. Nur das Orgelspiel – immer noch Pflichtfach für jeden Theologen – wollte ihm nicht gelingen. Mit den Händen einen Choral, das ging ja, aber dann die Füße dazu, das brachte er einfach nicht zuwege. Doch gerade das verschaffte ihm eine seltene Erfahrung von hilfreicher Zuneigung. Als er zum Abschluß seines Examens nun einen Choral auf der Orgel begleiten sollte, kroch ein Studienkollege unter die Orgelbank und führte ihm die Füße immer auf die richtigen Tasten des Pedals.

Stroh war inzwischen in die Stadt versetzt und mit dem Titel eines Kirchenrates geehrt worden. Er hatte immer ein Auge auf seinen Schützling behalten. Er ahnte, welche Schwierigkeiten ihm in einer normalen Gemeinde bevorstanden. Deshalb erbat er sich ihn beim Bischof als persönlichen Vikar und später als Hilfsprediger. Es gab Dinge im Pfarramt, für die war Gotthold zu langsam oder auch zu ungeschickt. Vielleicht war es ein Fehler, daß Stroh nicht bei seiner früheren liebevollen Unerbittlichkeit blieb. Er ließ ihn da wirken, wo er seine Stärken hatte: bei den Kindern und den alten Leuten. Er verlangte keine Verwaltungsarbeit von ihm, keine Rechnungslegung und dergleichen. Nur das Predigen erließ er ihm nicht, obwohl er wußte, wie sehr sich der Ärmste damit abquälte, oft bis tief in die Nacht hinein. Aber er versäumte auch keine dieser seltsamen Kanzelreden, die trotz ihrer Klobigkeit oft von einem eigenartigen Tiefsinn waren.

Nach zwei Jahren starb Stroh, und Hübsch stand schutzlos vor dem Nachfolger. Und der verlangte nach wenigen Wochen schon die Abberufung. Dieser Hilfsprediger sei für heutige Verhältnisse an St. Annen völlig unbrauchbar. Ich hörte beiläufig davon und konnte mir denken, daß man keine Pfarre für ihn finden würde. Stroh zuliebe schlug ich dem Bischof vor, ihn zu uns zu schicken. Wir hatten ja jahrzehntelang keinen Pfarrer – ich hab' das ja schon angedeutet. Die wenigen Taufen und die Beerdigungen ließ der Superintendent bald von diesem, bald von jenem Vikar erledigen. Zu Gottesdiensten und zum Konfirmandenunterricht sollte man in die Nachbarpfarrei – so zwei Stunden weit – gehen. Was natürlich niemand tat. Na und nun war die Gemeinde so tot, daß auch Hübsch keinen Schaden mehr anrichten konnte.

Doch wie ernst der seine Sache nimmt, das wissen Sie ja nun. Wenn Sie es noch zwei-drei Jahre ertragen könnten, daß er die Mäuse für sich arbeiten läßt ...«

»Das wäre ein Präzedenzfall – wenn sich das rumspräche ...« Von Itten war nachdenklich geworden. »Aber es wird sowieso nicht einfach sein, für jemanden wie ihn eine Stelle zu finden. Ich werde auch nichts beschleunigen, schon um Ihrer Tochter willen. Aber eines Tages ...«

Der Tag kam dann doch schneller als gedacht. Der Seelsorger im Kirchlichen Pflegeheim starb sehr plötzlich. Wer sollte diesen recht undankbaren Dienst übernehmen? Keiner der verantwortlichen Herren des Konsistoriums wußte einen Namen zu nennen. Da zog der Bischof einen Aktendeckel aus dem Schreibtischschubfach: »Hübsch – Gotthold Hübsch. Der ist für Senz eigentlich zu schade.«

»Donnerwetter« flüsterte von Itten, »der alte Biel ... er hatte recht!«

Durch den Ortdiener ließ Hübsch in allen Orten ausrufen, er werde sich am Sonntag nach Pfingsten mit einem Gottesdienst von der Gemeinde verabschieden. Und unter dem Siegel der Verschwiegenheit vertraute er dem Gastwirt, der seine Kränkung inzwischen fast vergessen hatte, an, er habe sich eine Überraschung für die paar Leute ausgedacht, die zu diesem Anlaß vielleicht doch kommen würden. Er hätte ja hier oben recht billig gelebt, auch ein kleines Erbe gemacht und sich für seine Pensionierung oder eine eventuelle Krankheit einiges zurücklegen können. Aber in diesem Heim werde für ihn gesorgt bis zu seinem Ableben, und also gedächte er jedem Gottesdienstbesucher eine Goldmark zum Geschenk zu machen. Aber der Wirt solle das für sich behalten, damit es wirklich eine Überraschung werde.

Der Wirt war so verschwiegen, daß zu diesem letzten Gottesdienst die Kirche bis auf den letzten Platz und noch in den Gang hinein besetzt war. Auf dem Altar stand, für jeden sichtbar, eine Silberschale, gehäuft voll mit Goldmünzen. Am Schluß des Gottesdienstes bat der Pfarrer die Gemeinde, immer zu viert an den Altar zu kommen. Und dort teilte er schweigend jedem eine Münze aus, und die Leute ließen sich's in die offene Hand legen wie die Oblate des Abendmahles.

Als sie alle wieder an ihren Plätzen waren, sagte er:

»Ich werde am Ausgang mit der leeren Schale stehen. Ihr habt die Jahre, die ich bei euch war, nicht einen Pfennig Kollekte gegeben. Jetzt bitte ich euch, die Mark, die nicht von euch verdient ist, für eine fromme Stiftung in die Schale zu legen. Und ich lade euch zu einem Abschiedstrunk in den Dorfkrug ein, da werde ich euch die Stiftung erläutern, sie wird euch allen zugute kommen.«

Und dann sprach er den Segen.

Sie legten alle das Geld in die Schale. Nur der Lehrer versuchte, sich ungesehen vorbeizudrücken, aber Hübsch ging ihm zwei Schritte nach und hielt ihm die Schale vor den Bauch.

Die Gaststube konnte die Leute nicht fassen, und so

ließ der Pfarrer draußen ausschenken, stieg auf eine Gartenbank und hielt seine letzte Ansprache:

»Ihr Lieben, in der Schlacht von Obersenz traf eine Kugel die Glocke so unglücklich, daß sie sprang und keinen Ton mehr gab. Vor zehn Jahren habt ihr sie verkauft und für das Geld den Bismarkturm gebaut. Eure heutige Kollekte ist für eine neue Glocke . . .«

Das war zuviel für den Lehrer, erregt protestierte er: »Das ist reine Bigotterie und niemand ist damit einverstanden. Das Geld wäre besser für das Schulhaus angewandt. Wer dafür ist, hebe die Hand!«

Doch ehe es dazu kam, rief der Pfarrer, ganz gegen seine Art blitzschnell, dazwischen:

»Zu spät, Herr Lehrer, die Glocke ist schon gegossen. Morgen wird sie hier oben sein und aufgehängt. Den Glockenstuhl habe ich schon prüfen lassen. Wundert mich, daß es keiner gemerkt hat. Aber ich bin noch nicht fertig: Jeden Abend bei Sonnenuntergang soll die Glokke geläutet werden, neunundneunzig Schläge. Wer von den Tagelöhnern das übernehmen will, melde sich beim Baron. Für das Jahr bekommt er dafür eine Goldmark. Wenn die Glocke von eurer Spende bezahlt ist, reicht das noch für dreiundzwanzig Jahre. Die Glocke heißt Susanna, nach dem Töchterchen vom Baron. Ihr wißt, daß sie nicht mehr aus dem Haus kann. Aber sie wird die Glocke hören und für euch beten. Anders ist euch wohl nicht zu helfen.«

Schon am ersten Abend nachdem die Glocke aufgehängt war, übernahm Friedrich, der Sohn des Tagelöhners Kopetzke, das Läuten und hielt es durch, bis er in den Krieg mußte. Da übernahm es seine Schwester. Sie läutete auch weiter, als 1916 Susanna starb. Und von dem Tag an schien das Leben in den Dörfern jeden Abend neunundneunzig Glockenschläge lang zu ruhen.

Und manche Großmutter zog ihren Enkel an sich: »Pst. Susanna betet für uns im Himmel.«

Der Lehrer, damals schon zu alt für den Krieg, erregte sich anfangs heftig über diesen »papistischen Aberglauben«. Aber als dann neben die »Ehrentafel« der Gefallenen von Siebzig–einundsiebzig eine neue Tafel angebracht wurde, verstummte er. Einen Gottesdienst erlebte die Kirche seit dem denkwürdigen Abschied des Pfarrers nicht mehr. Sie wurde wegen Baufälligkeit geschlossen und nach dem Krieg bis auf den Turm abgerissen. Die Glocke aber schickte weiter Abend für Abend ihre Schläge über das Land. In manchem Haus bewegten sich dann Lippen, wie betend, im Dorfkrug verstummte das Gespräch und keiner rührte die Karten an. Männer, die vom Felde kamen, blieben stehen und nahmen ihre Mützen ab. Und vom Lehrer, der nun uralt und gebrechlich im Lehnstuhl saß, erzählten sich die Leute, er falte hin und wieder beim Klang der Glocke die Hände.

Pfarrer Hübsch holte das Schicksal seines frühen Unfalls schließlich doch noch ein. Oder wie soll man das Folgende benennen:

Ende 1916 wurde das kirchliche Pflegeheim zur Hälfte als Lazarett eingerichtet und Hübsch die Seelsorge an den Verwundeten und Sterbenden übertragen. In seinem Eifer, am heiligen Abend möglichst allen nahe zu sein, stieß er mit dem Schienenbein an ein Eisenbett, wickelte sich selbst einen Notverband um die blutende Wunde und machte weiter. Am dritten Weihnachtstag fand man ihn fiebergeschüttelt in seinem Bett. Der Stabsarzt selber amputierte ihm sofort das ganze Bein, doch es war zu spät. Am Neujahrstag begrub man ihn, geleitet von ein paar Sanitätern und von Itten – nun Oberkonsistorialrat – auf dem Städtischen Friedhof. Ein Grab in Obersenz, auf diesen Gedanken kam niemand, im Konsistorium nicht, von Biels Neffe, der neue Patron nicht und auch niemand in den Dörfern der Pfarrei.

Doch heute noch sagt man beim Abendläuten:
Susanna betet!

# Der Vorhang

Der Bischof der Evangelischen Landeskirche residierte seit undenklichen Zeiten in Mittelburg, fernab der Hauptstadt. Vielleicht, weil die gotische St. Martin Kirche die größte und schönste im Lande war. Johannes Maker, der gegenwärtige Amtsinhaber, liebte diese Fast-Kathedrale über alles. Hier Gottesdienst zu halten, das waren innere Erfahrungen, die ihm halfen, die oft recht weltliche Plackerei seines Amtes zu ertragen.

Am tiefsten bewegte es ihn, wenn er junge Theologen zu Pfarrern ordinierte: Der helle, weite Raum, erfüllt vom Klang der Orgel, der Gesänge von Gemeinde und Chor, der mittelalterliche Altar mit der männlichen und doch irgendwie durchsichtigen Gestalt des Heiligen Martin. Und davor kniet eine Gruppe junger Männer, die er mit seinem Segen als »Botschafter an Christi Statt« hinausschickte!

Und dann dies!! – Pfingsten 1951.

Wie immer hatte er den zwölfen, die er heute ordinieren sollte, die Grundregeln des Pfarramtes vorgelesen und die übliche Frage gestellt:

»Seid ihr bereit, das Amt auf euch zu nehmen und nach der Ordnung unserer Kirche zu versehen, so antwortet: Ja, mit Gottes Hilfe.«

Da drehte sich Eduard Frölich, einer von ihnen um, zögerte einen Augenblick und rannte wie ein Flüchtender aus der Kirche. Vor der Tür blieb er stehen, riß sich Beffchen und Talar vom Leibe, warf sie zu Boden und verschwand.

Justus Schumann, sein Freund, faßte sich als erster und stürzte ihm nach – zu spät, Eduard war verschwunden.

Bischof Maker gewann nur mühsam Fassung und führte den Gottesdienst zu Ende.

Noch in der Sakristei sprach er mit Eduards Eltern:

»Haben Sie eine Erklärung? Ich nicht. Ihr Sohn war einer der hoffnungsvollsten Kandidaten. Er hielt eine Examenspredigt, die uns alle sehr berührte. Ich weiß noch den letzten Satz: ›Der Glaube ist ein Schatz. Aber wir haben ihn in irdenen Gefäßen. Das wird uns noch sehr zu schaffen machen.‹ ... Wollen Sie, daß man ihn sucht?«

»Nein«, flüsterte der Vater, »er hat einen Grund, aber ich kenne ihn nicht. Ich glaube, wir sehen ihn nicht wieder.«

Justus Schumann wurde Pfarrer einer kleinen Gemeinde am Rande der Hauptstadt. Gut zwei Jahre nach dieser denkwürdigen Ordination hielt er zum ersten Male eine Beerdigung auf dem Hauptfriedhof. Ein bißchen müde fuhr er wieder zurück. Langsam schob sich sein Wagen durch die schwarzgekleidete Menge dem Ausgang zu. Im Tor mußte er einen Augenblick halten.

War da Musik?

Er kurbelt die Scheibe herunter.

Tatsächlich! Ein Choral! Mundharmonika -

Eduard!

Da sitzt er am Boden – ein Penner – vor sich einen Hut. ›Wenn ich einmal soll scheiden ...‹ klingt es, wunderbar wie damals, als sie die Studentenbude teilte. Und die Leute werfen ihm Geld zu, reichlich ...

»Mensch, Eduard!«

Justus springt aus dem Wagen.

»Eduard!«

Der schreckt auf, sieht, wer da auf ihn zukommt, packt seinen Hut und verschwindet in der Menge.

Wie durch einen Nebel fuhr Justus nach Hause und ließ sich in den Sessel fallen.

»Traudel, gib mir was zu trinken. Du glaubst nicht, was ich eben erlebt habe. – Eduard – mein Freund, weißt du noch, wie er damals aus der Ordination abgehauen ist – sitzt am Hauptfriedhof auf der Erde – ein Penner – ein Straßenmusikant – spielt Choräle, und die Leute werfen Geld in seinen Hut. Und als ich zu ihm wollt', ist er ab …«

Bis zum Abendessen brütete Justus vor sich hin.

»Iß was!« Seine Frau schob ihm einen Teller mit Bratkartoffeln zu. »Mach dir keine Gedanken, er wollte es so … Oder willst du ihn etwa suchen? … Eben kommt mir's ein: die Brücke. Solche Leute kampieren unter der Brücke.«

Langsam schob Justus seinen Stuhl zurück, faltete sorgfältig seine Serviette zusammen, so als wolle er Zeit gewinnen.

»Du hast recht. Aber was kommt jetzt …«

Mit schweren Schritten verließ er das Pfarrhaus.

Schon auf der Treppe zum Fluß hörte er die Mundharmonika. Unten hockten auf Matratzen und Kisten wohl ein Dutzend Männer und zwei Frauen um ein Feuer, aßen und tranken. Und Eduard blies auf seiner Mundharmonika.

Diesmal war Justus vorsichtig. Langsam trat er von hinten aus dem Dunkeln.

»Eduard! Renn' nicht wieder weg. Ich bin doch dein Freund, immer noch!«

Der ließ den Kopf, die Schultern, die Hand mit der Mundharmonika sinken, als müsse er jetzt einen Schuldspruch vernehmen.

»Was willst du?«

»Nichts! Ich bin nur froh, daß es dich noch gibt.«

Ein wenig ächzend erhob sich Eduard:

»Leute, das ist mein alter Freund Justus. Wir haben uns jetzt was zu erzählen. Ich komm' gleich wieder.«

Er nahm seinem Nachbarn die Rotweinflasche aus der Hand, legte seine Hand schwer auf die Schulter des Freundes und verschwand mit ihm in der Nacht.

Irgendwo auf einer Bank sickerte dann seine ganze Geschichte heraus.

»Versprich mir, daß du niemanden was sagst, auch nicht meinen Kumpels, und daß du nicht versuchen wirst, mich hier wegzuholen. Was ich dir jetzt erzähle, hab' ich noch niemandem erzählt.

Weißt du noch, was der Bischof gepredigt hat? Ich hör' noch fast jedes Wort. Ich hatte das Gefühl, er redete nur zu mir und zwar über meine Prüfungspredigt. Hörst du's nicht mehr: ›Was wir predigen, da hängt ein Vorhang vor, der wird erst in der Ewigkeit gelüftet. Und was wir meinen, wenn wir taufen oder das Abendmahl feiern, das tritt erst ans Licht, wenn wir drüben sind. Und wenn ihr am Altar betet, dann werft ihr eure Worte über den Vorhang und vertraut darauf, daß dahinter einer ist. Er wird antworten. Aber seine Antworten wollen geglaubt werden, und das heißt: auch sie sind verhüllt ...‹

Das hat gesessen! Plötzlich sah ich hinter dem Altar wirklich einen Vorhang. Ich sah mich, wie ich ihn zurückzog. Aber dahinter war nichts, nur ein anderer Vorhang, und dahinter noch einer und noch einer, immer wieder Vorhänge und nichts dahinter. Und schließlich war gar nichts mehr da. Das ist die Hölle, kann ich dir sagen. Vor der bin ich einfach weggerannt. Hab' ein Taxi genommen und mich nach Hause fahren lassen, mir alte Klamotten angezogen, mein Geld, mein Sparbuch, einen Zettel für meine Eltern, sie sollen mich nicht suchen, und dann bin ich gelaufen, über Land, hab' im Freien oder in Scheunen geschlafen. Aber dieser Vorhang mit dem Nichts dahinter, das verfolgte mich bis in die Träume. Eines Tages stand ich hier in Mittelburg auf der Brücke. ›Wenn du hier 'runterspringst‹, dachte ich, ›dann hast du Ruhe.‹ Da stand plötzlich einer von den Brückenpennern neben mir mit einer Flasche, 'ne ganz versoffene Stimme, und sagte: ›Komm, sauf! Da unten bei uns ist es gemütlicher als im Wasser.‹

Als ich wieder zu mir kam, hatten sie meine Taschen geleert und alles auf einer Zeitung ausgebreitet. Und einer sagte:

›Reg' dich nicht auf, wir wollten nur wissen, daß du keine Waffe und keinen Schnee bei dir hast. Sowas können wir nicht gebrauchen.‹ Und dann zeigte er auf meine Mundharmonika: ›Aber 'n Orchester, das wär' was.‹

Naja, seitdem spiele ich ihnen abends Choräle vor, die mein Vater auf der Orgel gespielt hat oder mit seinem Chor gesungen. Er wollte ja immer mal 'ne große Sache machen, Kantate oder so, aber das war 'ne Nummer zu groß. Und als ich kein Geld mehr hatte, versuchte ich es als Straßenmusikant, und das klappte. Am meisten kriege ich mit den Chorälen und am Friedhof zusammen.«

Inzwischen war die Flasche leer. Er stand auf, gab seinem Freund die Hand.

»Versuch nicht, mich wegzuholen, sag' auch meinen Eltern nur, daß es mir gut geht, und sie sollen sich keine Sorgen machen, aber nicht, wo ich bin. Mit dem Pfarrer war's nichts, ich bin jetzt ›Orgel-Ede‹, und der hat wieder Boden unter den Füßen, wenn auch schwankenden.

Eine Mundharmonika ist keine Orgel, aber sie kann dich einhüllen und alles andere schweigen machen.«

Er schwankte nur ein wenig, als er zum Feuer zurückging.

Ein paar Wochen später feierten sie unter der Brücke ihr Sonnenwendfest: das Feuer ein bißchen größer als sonst, Hähnchen und Kartoffeln am Spieß und viele Flaschen Wein. Ede, richtig aufgedreht, spielte plötzlich ein paar altmodische Bauerntänze. Sie kamen ihm einfach so in Erinnerung. Und jetzt legten sie richtig los und tanzten immer wilder um das Feuer. Oben auf der Brücke blieben die Leute stehen, einige kamen herunter, bildeten einen Kreis um die Tanzenden und klatschten den Rhythmus. Und dann kam aus dem Dunkeln eine junge, recht mollige Frau dazu und tanzte, erst langsam und dann schneller und schneller, bis sie sich atemlos neben Eduard niederließ.

»Ich heiß' Lore. Jetzt brauch' ich einen Harten.«

Das Fest ebbte bald ab, und Eduard rückte ein wenig beiseite, damit sie ihren Schlafplatz hätte.

Es dämmerte schon der Morgen, da hörte er sie stöhnen, es wurde lauter und heftiger. Er richtete sich auf. Dann schrie sie. Elsa, die eine von den zwei Frauen, die mit unter der Brücke schlief, schreckte auf.

»Mensch Ede, die kriegt ein Kind! Daß wir das nicht gemerkt haben! Kuddel, schnell, telefonier' nach dem Notarzt! ... Zeitungspapier, alles, was ihr habt!«

Lore schrie und heulte und krümmte sich und krallte sich in Eduards Hände. Mit letzter Kraft stieß sie ein Mädchen auf das Zeitungspapier, streckte sich aus und wurde ohnmächtig.

»Verdammt, sie blutet wie verrückt! Wo bleibt der Arzt!«

Lore versuchte ihre Augen zu öffnen:

»Was ist es?« flüsterte sie.

»Ein Mädchen.«

»Taufen, schnell ... Lotte, wie meine Mutter.«

Irgend etwas regte sich in Eduard. Er schaute sich um. Da war nur eine Flasche Wein und ein Blechteller. Und so taufte er das Kind mit Rotwein aus einem Blechteller, umstellt von einer stummen Pennergemeinde. Zwei bekreuzigten sich.

Endlich der Krankenwagen. Sie schoben die Mutter und das Kind in Zeitungen gewickelt in das Fahrzeug.

»Ich bin der Vater«, stieß Eduard hervor, und so ließ man ihn mitfahren. Wer weiß wie oft fragte er sich später: »Warum das?«

Und »Warum das?« fragte er sich erst recht bei dem, was er dann tat, und den Folgen:

Es war, als füllte den Krankenwagen ein silbriger Dunst, aus dem sich das Gesicht des Arztes über die Leblose beugte.

»Sie sieht aus wie Schneewittchen«, ging es Eduard durch den Kopf, und er war nahe daran, sie zu küssen.

Er nahm nur ihre Hand, ganz sacht, fast ängstlich. Ihre Lider zitterten, öffneten sich ein wenig, und da geschah es, er wußte kein Warum und Wie. Er neigte sich zu ihr. Es war, als versänke er in etwas Unbeschreibbares.

»Wenn alles 'rum ist, heiraten wir«, flüsterte er ihr ins Ohr.

Die Augen schlossen sich. Ein Lächeln, ja ein Lachen glitt über ihr Gesicht, wie ein Leuchtfeuer über's nächtliche Meer. Sie streckte sich. Und dann lag sie wieder wie Schneewittchen im Glassarg. Ein Monitor gab unheimlich wirkende Signale. Erst jetzt nahm er Schläuche, Kabel und Infusionsnadeln an dem reglosen Körper wahr.

Noch Jahre hindurch erlebte im Einschlafen diese Fahrt. Warum?

Der Blitz einer plötzlichen Liebe?

Mitleid, Erbarmen mit einer Sterbenden?

Hatte er sich seinen Talar wieder angezogen?

Er fand nie eine Antwort.

Doch saß er Tag für Tag auf der Bank vor der Intensivstation. Anfangs rümpfte man die Nase über seinen Aufzug. Dann aber gaben ihm Schwestern, ja auch Ärzte mit einer verstohlenen Hochachtung Bescheid, freilich mit fast keiner Hoffnung. Auch durfte er Lotte immer wieder und lange durch die Glasscheibe anschauen.

Abends hockte er grübelnd am Feuer. Niemand fragte, sie ließen ihn in Ruhe. Und da er nicht mehr spielte, teilten sie Geld, Brot und Wein mit ihm.

Eines Tages aber empfing ihn der Stationsarzt schon in der Tür:

»Herr Frölich, Ihre Frau hat die Augen aufgemacht, sogar was gesagt. Jetzt haben Sie 'ne kleine Chance, daß sie durchkommt. Aber zu ihr dürfen Sie noch nicht.«

Doch schon am nächsten Tag verlangte sie nach ihm.

Welch ein Anblick! Diese kleine, in sich zusammengesunkene Person. Nichts mehr von Schneewittchen!

Ihre Stimme nur ein Hauch:

»Du willst mich heiraten?«

Er schluckte – und nickte.

»Mach' schnell ... morgen!«

Unter der Brücke fand er sich wieder. Ein Nebel dumpfer Ratlosigkeit senkte sich über ihn. Wieder ein Nebel. Diesmal brach einer das Schweigen:

»Was ist?«

»Sie will heiraten – ich werde sie heiraten ...«

Nun legte sich der dumpfe Nebel über das ganze Lager. Selbst die Schnapsflasche kam nicht gegen das Schweigen an ...

Justus! Die Morgenkälte brachte etwas von Klarheit in sein Hirn.

Zwei Stunden später saß er bei seinem Freund im Studierzimmer.

»Jetzt bring' ich's zuende. Ich weiß nicht, warum ich mich drauf eingelassen hab'. Was das für sie bedeutet? – Keine Ahnung. Aber irgendwie scheint es sie glücklich zu machen. Wahrscheinlich wird sie's ja doch nicht überstehen, aber dann hat sie wenigstens das gehabt. Und ich bin ein Witwer, der nie mit seiner Frau geschlafen hat, und trotzdem hat er eine Tochter.

Bitte arrangier' das mit dem Standesamt. In die Krankenhauskapelle lassen wir sie reinschieben, und dann machst du die Trauung. Sag ihr was Fröhliches. Das Kind hab' ich getauft, kannst ihr einen Schein ausstellen, einen schönen, mit einem Bild. Paten: Gregor Nitsch und Katharina Neumann ... die wissen noch nichts davon, ich sag's ihnen nachher, die kommen auch zur Trauung.«

Zwei Tage später fand das Ganze tatsächlich statt. Gregor und Katharina fühlten sich sehr geehrt. Aber natürlich war das ganze Lager dabei, auch zwei Schwestern von der Station und die türkische Putzfrau. Lotte, inzwischen längst aus dem Gröbsten, im Arm ihrer Mutter.

Abends gab's eine »Riesensause« unter der Brücke. Woher sie plötzlich Hähnchen, Bratwürste, Koteletts und eine Batterie von Weinflaschen hatten – da fragt man besser nicht. Damit Orgel-Ede richtig mitfeiern und -tanzen konnte, hatten sie aus dem Männerwohnheim »Atze mit der Ziehharmonika« geholt, und der brachte natürlich ein paar Kumpel mit.

Als Ede am nächsten Nachmittag vom Besuch bei seiner »Familie« zurückkam, sah es jeder: es mußte was passiert sein. Was Schreckliches oder was Schönes? Wortlos saß er am Feuer, stocherte gedankenlos darin herum und schüttelte immer nur den Kopf.

Katharina – sie hielt sonst eigentlich auf Abstand – setzte sich ganz dicht neben ihn und legte den Arm um seine Schulter.

Da brach es aus ihm heraus:

»Stell dir vor – du glaubst das nicht! Das war wie bei Schneewittchen, als sie den Appelkrotz ausgespuckt hatte. Sie lacht, hat Farbe im Gesicht, die Falten sind weg. Die hat mich umarmt, mir einen Kuß gegeben – und was für einen! Und geredet wie ein Wasserfall. Und dann kam der Doktor und hat gesagt: ›So etwas haben wir hier noch nie erlebt. Wenn Ihre Frau so weitermacht, können Sie sie am Sonnabend abholen. Und die Dame vom Jugendamt hat gesagt: Wenn Sie eine einigermaßen annehmbare Wohnung nachweisen können, kriegen Sie auch Ihre Tochter.‹

Kathi, weißt du, was das heißt? – Schluß mit der Brücke! Schluß mit der Mundharmonika! Ich muß mir eine ›geregelte Arbeit‹ suchen. Kannst du dir das vorstellen?«

»Na du, mit deinem Köpfchen!«

»Ach, du weißt ja nicht, wie's da drin aussieht.«

Am Sonnabend kam Orgel-Ede zurück – allein.

»Sie ist weg! Die Schwester hat ihr den Entlassungsschein gebracht, da war sie schon fix und fertig angezogen und hat gesagt, sie wollte schon mal vorgehen. Dann bin ich zur Säuglingsstation, da hat die Schwester gesagt, das Jugendamt hätte einen Platz in der städtischen Krippe, am Montag werde Lotte dorthin gebracht. Ich müßte nur noch unterschreiben. Naja, das hab' ich dann gemacht. Nun sind sie beide weg. Jetzt ist es wieder wie vorher – vielleicht.«

Und dann kramte er seine Mundharmonika aus der Tasche, klopfte sie aus, lange, mit langsamen Schlägen, und spielte, einen Choral nach dem andern, bis in die Nacht ...

Aber es war nicht mehr wie vorher.

Lore blieb wohl verschwunden, aber da war das Kind.

Die Leiterin der Krippe schickte ihn zum Jugendamt, damit geklärt würde, wie's nun weiterginge, nachdem die Mutter verschwunden sei.

Dort erklärte man ihm, bei seinem jetzigen Status (sie sagten wirklich »Status«) habe er nur ein eingeschränktes Sorgerecht. Das hieße, er könne sein Kind zunächst zweimal in der Woche besuchen, später öfter, ihm dann auch Geschenke mitbringen, auch eine Stunde mit ihm spielen, aber es bliebe in der Obhut des Jugendamtes. Wenn es älter sei, käme es in ein anderes Heim, und wenn dann die Mutter immer noch nicht aufgetaucht sei und er noch den heutigen Status hätte, würde man sich nach einer Pflegefamilie umsehen

Und so spielte er denn wieder seine Choräle, auf der Straße, am Friedhof und beim Feuer unter der Brücke.

Nur daß er jetzt seine Einnahmen zählte, sich ab und zu statt Wein eine Flasche Sprudel kaufte – Schnaps überhaupt nicht mehr und den »Überschuß« auf das Sparbuch einzahlte, neben der Mundharmonika war's das einzige von früher. Keinen Besuchstermin ließ er aus.

Einmal noch suchte er seinen Freund Justus auf und bat um einen etwas besseren Anzug für die Besuche bei Lotte.

»Mensch, Eduard, komm doch mal öfter. Wie wär's, einmal in der Woche zum Abendessen.«

»Ne, ne, laß man. Ich finde das ja großartig, daß du

dich nicht genierst mit mir. So wie's ist, komme ich wahrscheinlich über die Runden. Aber in deinem Haus hier, oder wenn wir länger miteinander sprechen – da würde wieder was passieren.«

Und so ließ Justus ihn gehen.

Nur daß er immer wieder einmal nach dem Mädchen sah.

So lief es Monat um Monat. Lotte zog nach einem Jahr in ein anderes Heim. Sie konnte »Papa« sagen und suchte in seinen Taschen nach einem Mitbringsel. Nur seine Mundharmonika, die hielt er – warum auch immer – versteckt. Übrigens war er der einzige Vater unter den paar Müttern, die nach ihren Kindern schauten.

Ob er zur Weihnachtsfeier käme, fragten die ihn, als es soweit war.

Weihnachten, das war immer ein kritischer Punkt für ihn, selbst unter der Brücke.

»Ich weiß nicht, ob ich das schaffe«, war seine zweideutige Antwort.

»Aber ihre Lotte ...«

Ja, Lotte, ihretwegen kam er denn auch.

Und ihretwegen zog er schließlich seine Mundharmonika hervor, als ihm der Gesang der paar Mütter und Pflegerinnen allzu dürftig klang. Doch die Folge war: nun mußte er bei jedem Besuch spielen und es hinnehmen, daß sich alle Kinder und Helferinnen um ihn versammelten wie eine Gemeinde. Am Ende freute er sich darauf, und das verwunderte ihn.

An Lottes fünftem Geburtstag brachte er ihr einen Brummkreisel mit und erweckte ein unbeschreibliches Entzücken.

»Man merkt, daß es ihre Tochter ist«, stellte die Praktikantin fest. »Hoffentlich haben die Bergers Verständnis dafür.«

Eduard packte sie am Arm.

»Wer sind diese Bergers? Was soll das heißen?«

Die Praktikantin hielt sich die Hand vor den Mund: »O Gott, das hätte ich nicht sagen dürfen.«

Er begriff mit einem Schlag, sprang auf und stürzte in das Zimmer der Leiterin.

»Was habt ihr mit meiner Tochter vor! Wer sind Bergers?«

Nun war's raus. Er erfuhr, daß man eine Pflegefamilie gefunden habe, ordentliche Leute, in soliden Verhältnissen, mit einem sechsjährigen Jungen. Man hätte ihn natürlich noch informiert. Aber da sich seine Verhältnisse nicht geändert hätten, wäre es doch für das Kind geradezu ein Glücksfall, in eine gesicherte Familie zu kommen.

Ohne ein Wort verließ Eduard das Heim.

Was dann geschah, war, als wickele er einen schon lange durchdachten, genauen Plan ab. Er hob sein Sparguthaben ab, ließ nur einen winzigen Restbetrag stehen und instruierte Katharina:

»Wenn die nach mir fragen, sag', ich hätte was von Frankreich gesagt.«

Dicht am Heim wartete er bis tief in die Nacht, schlich sich, er kannte sich hier ja aus, in den Schlafraum, zog Lotte vorsichtig unter der Decke hervor, nahm die Kleider und die Schuhe und verschwand, ohne daß irgend jemand etwas merkte. Einen Zug hatte er schon ausgemacht, die Fahrkarte gekauft, und so war er, als man im Heim entdeckte, was geschehen war, schon unterwegs – nicht nach Frankreich, sondern in entgegengesetzter Richtung. Unbehelligt erreichte er schließlich ein kleines, verstecktes Walddorf dicht an der Landesgrenze. Dort mußte der Karl, ein Klassenkamerad der ersten fünf Klassen, in einen Hof eingeheiratet habe – irgendwann hatte er das mal erfahren. Er fand ihn tatsächlich, erzählte ihm das Nötigste. Dem machte die Sache Spaß wie eine Räubergeschichte aus Kindertagen. Er nahm ihn auf, seine Frau sah das Kind und stimmte zu.

»Wir haben zwei Jungen, Zwillinge, Michael und Martin, sieben Jahre. Da ist ein Mädchen gerade recht. Du kannst die leere Gesindehütte beziehen, ich stelle dich als Landarbeiter ein, mein Vater kann schon lange nicht mehr. Das mit dem Anmelden regele ich. Wir haben keinen Bürgermeister mehr, unser Gemeindeamt ist meilenweit weg hinter dem Wald. Die kümmern sich nicht um uns. Und das Jugendamt ist in der Kreisstadt, bis dahin ist es fast eine Weltreise. Eh' die was merken, ist deine Tochter volljährig.«

»Und außerdem«, das ging Eduard erst in diesem Augenblick auf, »mein Status hat sich jetzt verändert, ich bin in ›gesicherten Verhältnissen‹. Es ist sogar eine Frau da, die sich um Lotte kümmert. Die sollen mal kommen!«

Es ging alles gut. Die beiden wurden ohne Nachfrage akzeptiert. Lotte kam ein Jahr später in die Schule – vier Klassen in einem Raum mit einem alten Lehrer. Danach hatte Eduard soviel an Selbstgewißheit gewonnen, daß er an Justus schrieb, er möge seinen Eltern mitteilen, es ginge ihm jetzt gut, sie sollten sich keine Sorgen machen. Er solle aber alles andere für sich behalten. Die Antwort kam prompt:

»Deine Eltern sind schon seit Jahren tot.«

Zum ersten Male seit ihrer Ankunft hier zog Eduard seine Mundharmonika hervor. Es war, als stünde er vor einem unendlich tiefen Graben, und er spielte sich hinüber. Ein Altes war vergangen.

Das Dorf war vor Zeiten um ein Vielfaches größer gewesen. Es hatte sogar eine kleine, jetzt verfallene Kirche und daneben ein Pfarrhaus. Niemand konnte sagen, wann der letzte Pfarrer ausgezogen war. Drei-, viermal im Jahr kam ein Pfarrer aus der Kreisstadt und hielt Gottesdienst. An solchen Sonntagen verschwand Eduard im Wald, so weit weg, daß er nicht einmal die kleine Glocke hören mußte. Den Unterricht für die zwei, drei Konfirmanden hielt der Lehrer. Als Lotte dazugehörte und, über die quietschenden Dielen ihres Zimmer auf und ab gehend, die alten Sätze aus dem Katechismus und Lieder aus dem Gesangbuch lernte, da konnte er das zu seiner eigenen Überraschung ohne jede Regung ertragen. Ein Altes schien wirklich vergangen.

Es schien vergangen.

Der Herbst war golden und mild wie selten. Eduard konnte sich nicht erinnern, mit solcher Leichtigkeit, ja so beschwingt seine Tage begonnen zu haben. Selbst das Kartoffellesen schien im wie ein Spiel. Und alles lachte in ihm, wenn er aus den Augenwinkeln die Verliebtheit zwischen Lotte und Michael – einem von Karls Zwilingen – beobachtete.

Als er eines Abends abgearbeitet und zufrieden durchs Hoftor kam, stand Lotte mitten im Hof bei der Pumpe.

Lotte? – Lore!

Wahrhaftig Lore.

Langsam und unsicher kam sie auf ihn zu. Welch ein Gesicht. Haut wie Leder, tiefe Kerben um Mund und Nase. Wie mechanisch registrierte er alles: den Ring im linken Ohr, das Grau in den dunklen Haaren, den dürren Hals, die flachen Brüste, die knochigen Hände, die ausgetreten Schuhe.

Es schüttelte ihn, der Boden wankte unter seinen Sohlen. Und dann glomm es in ihm auf wie damals im

Krankenwagen. Seine Hand glitt über ihr Gesicht, die trockenen, rissigen Lippen.

»Komm, es ist gut, daß du da bist. Da drin ist deine Tochter. Krieg keinen Schrecken, sie ist fast so groß wie du.«

Sie blieb.

Karl war einverstanden.

Wochenlang saß sie schweigend am Fenster, beobachtete den Hof, die Menschen, die Hühner, ihren Mann, ihre Tochter.

Doch eines Abends knisterte Feuer im Herd. Lore hantierte mit einer Pfanne und Lotte rührte in einem Topf.

Nach diesem Abend begannen sie miteinander zu sprechen. Von Justus hatte sie erfahren, wohin sich Eduard mit Lotte geflüchtet hatte. Und schließlich schoben sie ihre Betten zusammen – mit einem verlegenen Blick auf die Tochter.

Aber die lachte nur:

»Na endlich!«

Das klang irgendwie glücklich.

Eduard pfiff sogar, wenn er morgens aus der Hütte trat.

Und dann kam ein harter Winter. Zuerst klirrende Kälte, danach schneite es tagelang. Als man vor Schnee kaum noch von einem Hof zum anderen kam, starb Karls Vater. Mit Kreuzhacken brachen sie ihm ein Grab, doch der Pfarrer telefonierte ab; es sei einfach kein Durchkommen. Sie sollten den Toten in der Kirche aufbahren, bis das Wetter umschlägt, oder ihn so beerdigen. Der Lehrer könnte ein Gebet und den Segen sprechen. Aber der lag mit hohem Fieber im Bett. Als sie noch in Karls Stube zusammensaßen und ihre Ratlosigkeit hin- und herwälzten, gab es Eduard von irgendwoher eine Stoß:

»Kommt, laßt die Glocke läuten, er soll nicht verscharrt werden, ich mach's.«

Sie kamen alle, Männer, Frauen, auch die Kinder.

»Herr Gott, Du bist unsere Zuflucht für und für«, begann er und wunderte sich, wie selbstverständlich die Sätze dieses Psalms aus seinem Inneren aufstiegen.

»Liebe Gemeinde«, sagte er (tatsächlich: Liebe Gemeinde!) »Wilhelm Hofmann war ein ruhiger und fleißiger Mann. Ihr kennt seinen Hof, seine Familie. Seine Frau starb früh, zu früh. Ihr wißt, wie hart er gearbeitet, geschuftet hat, um seinem Sohn den Hof zu erhalten. Jetzt ist er durch den Vorhang gegangen, durch den wir alle müssen. Möge er etwas vorfinden dahinter. Dann wäre sein Leben mehr als das eines Ackergauls.«

Am Grab sprachen sie das Vaterunser. Die gefrorenen Erdbrocken trommelten auf den Sarg.

Ein Segen hätte jetzt kommen müssen. Eduard sagte nur:

»Mach's gut, Wilhelm.«

Im Gasthaus drängte sich das ganze Dorf zusammen. Glühwein, Grog, Kaffee lösten die eigenartige Spannung, die nach Eduards Auftritt über allem lag. Der starrte schweigend in sein Glas. Warum hatte er das mit dem Vorhang gesagt? Über all die Jahre hindurch war das doch in eine wohltuende Tiefe abgesunken, nur noch eine verdämmernde Erinnerung.

Einer von den Dorfältesten beugte sich zu ihm über den Tisch. Die Zunge war ihm schon etwas schwer:

»Was brauchen wir noch einen Pastor – wir haben ja dich.«

»Nein! Nein!«

Eduard schlug mit der flachen Hand auf den Tisch, daß es klatschte wie ein Ohrfeige. Er sprang auf, sein Stuhl kippte nach hinten, und floh aus dem Saal.

In der Stube fand er Lore am Herd sitzen. Mit großen dunklen Augen schaute sie auf ihn, voll Furcht, Staunen und Fragen.

»Wer bist du?« mehr brachte sie nicht heraus.

Lange saßen sie schweigend am Herd. Lore bewegte sich nur, um einen Holzscheit nachzulegen.

Der Abend dämmerte schon, da fand er die ersten Worte. Er erzählte ihr alles. Es wurde dunkel darüber. Nur das Feuer schickte sein unruhiges Licht durch die Herdringe.

Und dann zog sie den Vorhang vor ihrem Leben zurück. Eduard mußte sehen lernen, wer sein Schneewittchen war. Wie man dem Kind mitgespielt hatte und sie wie ein herrenloser Hund herumstreunte. Nur einmal sah sie Licht: als sie das Kind in sich spürte und die Worte des Mannes für goldene Münzen hielt.

Warum sie aus dem Krankenhaus verschwunden sei?

»Ich wollte abrechnen, mit allen. Ich fand nur noch zwei, die lachten mich aus und verprügelten mich.«

Eduard wußte, er müßte jetzt etwas sagen. Aber wie in der Kirche sich ihm die Worte von selbst gegeben hatten, so verweigerten sie sich jetzt. Er versuchte ihre Hand zu nehmen, sie zog sie unter die Schürze zurück.

Von diesem Abend an war es anders zwischen ihnen. Nichts Böses, nein, sie war mit Scheu um ihn, fast wie eine Magd.

Auch die Worte des Ältesten hatten Folgen. Er kam eines Abend mit Kurt zu ihm:

»Wir haben im Dorf nochmal drüber geredet und sind uns einig. Was sollen wir immer auf den Pastor aus der Stadt warten, und dann kommt er doch nur alle Jubeljahre. Wenn's Weihnachten schneit, läßt er uns auch wieder sitzen. Also du kannst das auch. Wir machen dir das Pfarrhaus zurecht, du kannst mit deiner Familie einziehen. Ab und zu machst du uns einen Gottesdienst – vor allem Weihnachten und Sylvester und Karfreitag. Geld haben wir keins, aber was zu essen kriegst du und kannst ja bei Kurt weiterarbeiten.«

Was ritt ihn einzuwilligen!?

Und so wurde er ein Pfarrer ohne Amt. Und Lore, diese Lore war jetzt eine illegale Pfarrfrau. Nur Lotte blieb, was sie war: Haus- und Stallmagd bei Kurt und Michaels Freundin.

Es ging alles besser, als sie dachten. Die Gemeinde erwartete nicht viel von seinem Gottesdienst. In der Sakristei fand sich eine alte, angeschimmelte Bibel. Er las ihnen einen Psalm, ein Stück aus dem Evangelium, sagte die paar Sätze, die ihm dazu in den Sinn kamen – da tauchte so manches von früher auf – und betete mit ihnen das Vaterunser.

Dann aber kam Weihnachten. Das Fest vergaß das Dorf nie. Es schneite immer noch. Der Pfarrer telefonierte ab, und der Gastwirt beruhigte ihn:

»Bleiben Sie man zu Hause, wir helfen uns schon selber.«

Sie hatten die morsche Kirche herrlich hergerichtet:

Zwei Christbäume flankierten den Altar, über und über voll mit Kerzen und Strohsternen. Auf den Bänken klebten Kerzen. Damit man das Stockige nicht so roch, hatten Lotte und Michael ein paar Tannenzweige verbrannt.

Nur die Orgel. Der Lehrer brachte schon lange keinen Ton mehr aus ihr heraus, auch heute nicht, obwohl er's stundenlang versucht hatte. Und als das O-du-fröhliche allzu dürftig klang, faßte Eduard Mut:

»Ich hab' noch eine Orgel – meine Maulorgel!«

Er hob seine Mundharmonika hoch. Die Gemeinde lachte, laut, fröhlich, ausgelassen.

War die kleine Kirche je so voller Gesang?

Er las ihnen die Weihnachtsgeschichte vor, langsam, fast als studiere er sie selbst zum ersten Male. Wieder sangen sie, daß es durchs ganze Dorf klang.

Und dann stieg er – gegen sein Vorhaben, aber die Kirche war einfach zu voll – auf die Kanzel.

»Welch ein Fest!« rief er, verblüfft, daß ihn das alles so bewegte. »Welch ein Fest! Eigentlich sind wir gefangen, eingesperrt in Berge von Schnee, und die wachsen noch immer. Aber wir feiern – wir singen – unsere Gesichter leuchten im Kerzenlicht – wir haben eine der schönsten Geschichten gehört. Ist es nicht fast wie im Himmel! Ja, so etwa muß es im Himmel sein – wenn's einen gibt. Wer's kann, der halte sich den Himmel fest. Es ist schrecklich, ohne Himmel zu sein.«

Als sie nach Hause gingen, faßte Lore – wie lange hatte sie das nicht mehr getan – seine Hand:

»Du hast recht, ohne Himmel ist es schlimm.«

Als habe sie sich etwas angemaßt, ließ sie ihn los und lief ins Haus.

Das Dorf hatte sich nicht lumpen lassen. Ein Festessen sollte es werden, nur für sie beide. Lotte war bei Michael. Hastig zog Lore die Ringe vom Feuer und gab ihrem Mann einen Holzspieß in die Hand (ein gutes Dutzend hatte sie heimlich geschnitzt) und spießte große Fleischstücken darauf. Und dann standen sie beide am Feuer, schauten zu, wie das Fett in die Glut tropfte und in kleinen Flammen explodierte. Es war wie die Hochzeit unter der Brücke, nur war Lore jetzt dabei. Erst als die ihn verwundert anschaute, merkte er, daß er ein Tanzlied vor sich hin pfiff. Da warf er seinen Spieß auf die Herdplatte, faßte seine Frau um die Hüfte und wirbelte sie ausgelassen durch die Stube, bis ihnen beiden der Atem ausging.

Doch als sie dann im Bett lagen, hatte sie sich fest in

ihre Decke gewickelt und rückte, ihm den Rücken zugewandt, an die äußerste Bettkante.

Und so blieb es den langen Winter hindurch.

Er ahnte etwas, aber verstand es nicht.

Es mußte etwas geschehen sein – bei der Beerdigung. Immer wieder sah er ihre großen Augen, hörte die furchtsam staunende Frage: »Wer bist du?«

Und auch dieses nahm er mit steigender Verwunderung war: Je deutlicher er die eigenartige Weise empfand, in ihrer Zuneigung zugleich einen Raum des Abstandes zu bewahren, desto mehr suchten die Frauen und Mädchen des Dorfes ihre Nähe. Es war nicht die Nähe von Vertraulichkeit, es war eher, als sahen sie in ihr die Pfarrfrau. Er hielt, wie versprochen, hin und wieder einen seiner kurzen Gottesdienste, bei denen er übrigens nie mehr Mundharmonika spielte. Aber auch wenn sie ihn Pastor nannten, auf Weiteres ließ er sich nicht ein. Tagsüber arbeitete er auf Karls Hof.

Lore blieb im Haus und versuchte, aus dem Obergeschoß wieder Wohnräume zu machen. Es verging kaum ein Tag, an dem nicht eine Frau kam, wie um ihr zu helfen, in Wahrheit aber, um all das zu erzählen, was so in ihr umging. Und da kam von manchem Hof mehr zutage, als man ihm von außen ansah. Sie konnte gut zuhören, wenn es sein mußte, stundenlang, ohne je zu fragen oder ungefragte Antworten zu geben. War es das, was so vielen das Haus wieder zum Pfarrhaus machte?

Die Mädchen kamen meist in Gruppen, tranken Tee und hatten immer was zu erzählen und zu lachen. Manchmal wurde es still und ernst, aber nie lange.

Hin und wieder sagte Lore ihre Meinung, gab auch mal einen Rat. Aber das kam dann aus einer anderen, gar nicht himmlischen Welt. Es war einfach, grob, manchmal fast ordinär, paßte nicht in die Welt dieses

Dorfes, schon gar nicht in ein Pfarrhaus, und traf doch fast immer ins Schwarze.

Nicht lange vor Ostern brachte eine die Neuigkeit in die Mädchenrunde: Hilde bekäme vom Gastwirtsknecht ein Kind. Sie wußten es alle schon.

Diesmal fragte Lore.

Und dann kam's heraus wie ein Deichbruch, wen alles der Knecht und seine Kumpanen schon »umgelegt« hatten, und wie sie beim Saufen mit ihren Heldentaten in allen Einzelheiten angaben.

Da packte Lore aus:

»Wenn sie euch küssen wollen und ihr wollt nicht, dann müßt ihr die Zähne fletschen wie ein bissiges Pferd, ganz tief in ihre Haare greifen, mit aller Kraft eine Faust machen und ihre Lippen gegen eure Zähne schlagen, daß es blutet. Und wenn sie dann nicht genug haben und noch mehr wollen, dann stoßt ihnen mit dem Knie zwischen die Beine, mit aller Wucht. Das reicht für vierzehn Tage.«

Der Rat hatte ungeahnte Folgen. Das ganze Dorf spottete über die lädierten Kerle. Die aber wußten bald, woher der neue Wind wehte, und schworen dieser »Landstraßenhure« einen Denkzettel. Die wußte, was das heißt.

Am Karfreitag sammelte sich nahezu das ganze Dorf in der Kirche. Lore und Lotte blieben zu Hause.

Eduard mußte einiges in sich niederkämpfen, aber er hatte es ja versprochen. Aber dann übermorgen Ostern – das auch noch ...?

»O Haupt voll Blut und Wunden« sangen sie. Sie kannten es alle, und es klang sogar leidlich. Und dann:

»Ich werde euch heute nichts sagen, ich kann es nicht, es ist zu schwer. Ich lese euch nur alles vor, das von der

Kreuzigung und das von Ostern. Und dann seht selber zu, was ihr damit anfangt.«

Er las wirklich alles vor, Wort für Wort, erst vom Leiden und Sterben Jesu Christi und dann ohne Pause die Geschichte von der Auferstehung.

»Christe, du Lamm Gottes, der du trägst die Sünd' der Welt, erbarm' dich unser ...« stimmte er an, doch kannten das nur die Älteren, und es klang recht dünn.

Er betete nicht, auch kein Vaterunser.

»So, nun macht damit, was ihr könnt.«

Das waren seine letzten Worte – buchstäblich.

Als er ins Haus kam, war es leer.

Auf dem Tisch lag ein Zettel:

»Wir sind nicht die Richtigen für dich und für das hier. Such uns nicht. Wir werden dich nicht vergessen.«

Zwei Wochen vor Pfingsten hatten sie unter der Brücke ihre Orgel-Ede wieder. Freilich, nach so vielen Jahren kannten ihn nur noch Katharina und ein paar alte Männer.

Justus war an einen anderen Ort versetzt worden.

Eduard spielte wieder: auf der Straße, am Friedhof und abends unter der Brücke am Feuer.

Inzwischen hatten sich hier ganz andere, Jüngere eingenistet.

»Kann der nicht mal aufhören mit dem Gedudel«, zischte einer und spuckte ins Feuer.

»Laß ihn«, flüsterte Kathi, »oder soll'n wir ihn morgen aus dem Fluß ziehen. Das ist ein Pfarrer, dem sein Gott abhanden gekommen ist.«

Lange danach rief ein Briefträger oben von der Brücke:

»Ich hab' hier eine Postkarte für Orgel-Ede unter der Brücke. Ist das einer von euch?«

Die Karte kam aus Italien. Das Foto einer kleinen uralten Kirche.

»Hier könnte tatsächlich Dein Gott drin sein.

Gruß von Lore und Lotte.«

Der Vorhang!

Bewegte sich was dahinter?

# Der Nachfolger

*Oder: Das fliegende Gesangbuch*

Die Kanzel schwebte nur wenig über der Gemeinde, und doch rang Bischof Johannsen nach Luft, ehe er den üblichen Kanzelgruß sprechen konnte. Die Folgen der Malaria, die er sich in jahrzehntelangem Tropendienst zugezogen hatte?

Nein, eher war's das zu Herzen Gehende dieses Ortes und dieser Stunde. Um die Jahrhundertwende, vor nahezu dreißig Jahren war er hier zum Pfarrer ordiniert worden. Ein Jahr später verließ er im Zorn seine Lutherische Kirche und trat in den Dienst einer englischen Missionsgesellschaft, den Krieg überstand er im Internierungslager. Vor einem Jahr hatte er bei einer internationalen Kirchenkonferenz einen aufsehenerregenden Vortrag gehalten. Am Abend desselben Tages – er stand, ein Glas Whisky in der Hand, mit einem Afrikaner am Kamin – trat plötzlich jener Bischof neben ihn, der ihn einst ordiniert hatte, nun eine wahre Großvatergestalt.

»Wenn Sie nachher ein wenig Zeit für mich haben – ich sitze drüben in der Sesselecke. Bringen Sie mir auch sowas mit«, er deutete auf das Glas.

In der Ecke dann, nach zwei kleinen, vorsichtigen Schlucken:

»Im Herbst werde ich siebzig, Zeit, daß ich aufhöre. Ich möchte, daß Sie mein Nachfolger werden. Morgen mittag reise ich ab. Ich wäre glücklich, wenn ich Ihr Ja mitnehmen könnte.«

Das war alles. Er stand auf, die Gelenke knackten ziemlich, legte Johannsen die Hand auf die Schulter und zog sich zurück.

Der kippte seinen Whisky in einen Blumenkübel und verbrachte die Nacht in der Hauskapelle. Bald rannte er herum, wie ein Tiger im Käfig, dann kniete er, bis er sich vor Schlaf nicht mehr halten konnte, legte sich in eine Bank und träumte wirres Zeug, blätterte in der Bibel auf dem Altar. Doch kein Spruch, kein Liedvers, kein Traum, keine Erleuchtung von oben! Die Morgensonne erwartete er im Park am Teich, redete mit den Enten und den Drosseln. Aber auch hier nahm ihm niemand die Entscheidung ab.

Zum Frühstück brachte er dem Bischof sein Ja. –

Und eben, unten am Altar, hatte der ihm die Hand aufgelegt und sein Bischofskreuz umgehängt.

»Liebe Gemeinde!«

Eigentlich hätte er die verehrten Brüder im Bischofsamt, die Ehrengäste, die Amtsbrüder und dann noch diesen oder jenen besonders anreden müssen. Doch man hatte ihn in Kenntnis seiner etwas ruppigen Art gewählt, und er war nicht willens, sie abzulegen. Sehr markant sollte sich das schon in den nächsten Augenblicken beweisen.

Unmittelbar unter der Kanzel saßen die Ehrengäste. Neben dem Regierungspräsidenten eine Dame, die bis zu den Knien unter einem Hut mit einer nahezu mühlradgroßen Krempe verschwand. Sie neigte sich, so weit es der Hut erlaubte, ihrem Nachbarn zu und tuschelte. Schon beim Einzug hatte der Bischof sie aus dem Augenwinkel wahrgenommen, wie sie ihm mit einer leichten Handbewegung zuwinkte. Doch konnte er sich keinen Reim darauf machen. Und nun flüsterte sie unentwegt weiter. Johannsen machte eine Pause, schaute leicht verärgert nach unten, aber sie schien's nicht wahrzunehmen. Er fuhr fort, sie auch. Da flammte Zorn in ihm auf. Auf der Kanzelbrüstung lag sein Gesangbuch. Er schlug es zu und ließ es der Dame vor die Füße fallen. Es tat einen Schlag, unter dem die ganze Gemeinde zusammenzuckte. Die Dame griff graziös nach der Hutkrempe, schaute nach oben und lachte:

»Verzeihung, Eminenz, ich bin jetzt ganz brav!«

Woher kannte er dieses Gesicht? Und mitten im nächsten Satz der Predigt:

Julie, Julie von Trittwitz! – Was hatte die hier zu suchen!

Und während er weitersprach, tauchte jene Affäre sozusagen neben ihm in der Kanzel auf, die vor dreißig Jahren sein Leben aus der Bahn gestoßen hatte.

Aber es kam noch schlimmer: Der Regierungspräsident erhob sich mit einem Ruck, küßte Julie die Hand, machte eine besänftigende Bewegung zur Kanzel und verließ mit energisch schnellen Schritten die Kirche.

Johannsen fing sich als erster, schaute fast belustigt in die erstarrten Gesichter seiner Amtsbrüder, zuckte die Achseln, hob beide Hände und predigte weiter. Nur ein junger Pressekorrespondent rannte dem Regierungspräsidenten hinterher. Das gäbe eine story!

Würdig und ohne weitere Zwischenfälle vollzog man den Gottesdienst. Niemand gab irgendeine Erklärung ab.

Viele, auch Ungeladene, drängten sich zum Empfang in den Bischöflichen Festsaal. Morgen würde es in allen Zeitungen stehen: Bischof wirft mit Gesangbuch! Regierungspräsident verläßt unter Protest die Bischofsweihe ...

Jetzt also mußte jemand zu diesem Eklat Stellung nehmen.

Der Festsaal summte und vibrierte von Erregung. Der Konsistorialpräsident war nun an der Reihe, die Gäste zu begrüßen und die Liste der Redner zu eröffnen. Ratlos sah er seinen neuen Bischof an, aber der schaute nur suchend umher. Dann ein fragender Blick zum alten: kein Wink, kein Rat. Da stand plötzlich die Dame mit dem Hut am Rednerpult. Ein Livrierter trat zu ihr und überreichte ihr ein elegant verschnürtes Paket.

»Hochwürdige Festversammlung. Verzeihen Sie, wenn ich mich ungebührlich vorgedrängt habe. Sie werden gleich verstehen, warum.

Mein Herr Gemahl, der Regierungspräsident, erhielt kurz vor der Predigt des Herrn Bischof eine Nachricht aus der Hauptstadt, die ihn zwang, den Gottesdienst vorzeitig zu verlassen. Er bat mich, an seiner Stelle seine persönliche Grußadresse an unseren neuen Bischof vorzutragen. Er gab mir sein Manuskript. Ich kenne seine Reden und weigerte mich, das vorzulesen. Wenn schon, dann wollte ich's mit eigenen Worten sagen. Er nun wieder kennt mich und versuchte mir das auszureden. Naja, da sind wir wohl ein bißchen zu laut geworden. Und als dann das Gesangbuch vor uns landete, sagte er ärgerlich: ›Mach doch, was du willst, jetzt ist sowieso alles egal‹ und marschierte spornstreichs ab.

Und jetzt mach ich, was ich will. Ich erzähle Ihnen eine Geschichte:

Im äußersten Zipfel unseres Landes gibt es ein Kirchspiel – ›gottverlassen‹ darf man's ja wohl in dieser heiligen Versammlung nicht nennen. Kein Pfarrer wollte je freiwillig dorthin. Nur dem Patron zuliebe, einem Baron aus altem, armen aber frommen Adel, der hier das Familiengut bewirtschaftete, schickte man immer wieder einen Vikar oder einen jungen, unverheirateten Pfarrer, meist solche, die ein schlechtes Examen abgelegt hatten. Ihre Amtsführung war entsprechend. Bis einer kam, der war, wie es schien, auch keine Leuchte vor dem Herrn, aber der kniete sich richtig rein. Und zum ersten Mal seit Jahrzehnten kamen ein paar mehr Leute zur Kirche als der Baron mit seiner Familie und einige alte Frauen.

Im ersten Sommer bekam die fünfzehnjährige Tochter des Barons Besuch von ihrer Cousine. Natürlich mußten sie in die Kirche, da war der Vater eisern. Sie mußten mit in die Patronatsloge, die war in die Empore eingebaut, fast zum Greifen nahe bei der Kanzel.

Na, die beiden Mädchen hatten natürlich viel zu Wichtiges zu erzählen, als daß sie einer Kanzelrede zuhören mochten. Sie wisperten, tuschelten, lachten und merkten nichts von den wütenden Blicken des Vikars. Der hörte plötzlich auf, schrie ›Ruhe!‹ und schmiß der Baronscousine sein Gesangbuch an den Kopf. Der Baron sprang auf, schob seine Familie polternd die Treppe hinunter, dreht sich in der Kirchentür um: ›Das wird ein Nachspiel haben, Herr Vikar!‹

Nach dem Gottesdienst wartete der Diener des Barons in der Sakristei: ›Sie sollen umgehend zum Herrn Baron kommen!‹

Der war schnell fertig mit dem Herrn Vikar:

›Sie haben die Wahl und eine Woche Zeit. Entweder Sie bitten um Ihre Versetzung, oder ich sorge für Ihre Dispensierung.‹

Und dessen Antwort:

›Unter Ihrem Patronat – keine vierundzwanzig Stunden!‹

Sprach's und schlug die Tür hinter sich zu.

Ein langer dunkler Gang führte zur Haustür. Auf halbem Wege stand ein riesiger uralter Schrank. Wütend schlug der Vikar gegen die Tür:

›Adlige Bagage!‹

Die Tür sprang auf und zwei Mädchenarme umschlangen den jungen Mann.

›Dumme Gans!‹

Er schlug der Cousine rechts und links ein paar hinter die Ohren und verschwand.

Verschwand für immer, nicht nur aus der Gemeinde, sondern aus der Kirche.

Muß ich Ihnen, meine Damen und Herrn eine lange Erklärung geben? Die Cousine bin ich, Julie von Trittwitz. Acht Jahre hoffte ich, Gert Johannsen würde wieder auftauchen, dann heiratete ich den Assessor Jörg von Treustatt, unseren jetzigen Regierungspräsidenten.

Vor etwa einem Jahr fragte er mich beim Frühstück: ›Kennst du einen Theologen Gert Johannsen? Er soll mal Pfarrer in unserer Landeskirche gewesen sein, jetzt geistert er irgendwo in der Mission in Afrika herum. Sie wollen ihn zu unserem neuen Bischof machen. Ich bin in der Kommission und soll Stellung nehmen. Er muß Vikar bei deinem Onkel gewesen sein ...‹

›Du brauchst mir nichts weiter zu erzählen. Nehmt ihn. Er wird euch zu schlucken geben, aber einen Besseren findet ihr nicht.‹ ... Verzeihung!«

Sie nestelte ihr Taschentuch aus dem Pompadour, tupfte sich Augen und Nase und wickelte das Paket aus.

»Euer Eminenz – sagt man so? Hier mein Präsent zur Amtseinführung. Ein großes lutherisches Gesangbuch von 1688, in Schweinsleder gebunden – hat schon einiges ausgehalten. Nur die kupfernen Ecken hab' ich – sicherheitshalber – gegen solche aus wattiertem Leder austauschen lassen. Wie sagt man in Ihren Kreisen? Zum gesegneten Gebrauch.«

Und dann geschah etwas für damalige Zeiten Unerhörtes: Unter gerührtem Schweigen der Versammlung sprang Johannsen die zwei Stufen zum Podest hinauf.

»Julie!«

Er umfing ihr Gesicht mit beiden Händen und küßte es. Und der Saal bebte vor Jubel und Klatschen.

# »Er singt!«

*In Erinnerung an die Lagerkapelle in Norton Camp, an Philipp Reich und die Hessische Kantorei*

Eine Welle des Entsetzens ging durch Herreneck: Pfarrer Ludwig ist zurück! Er sieht aus wie ein Gespenst – fast wie ein Teufel!

Ludwig war vor einem Jahr bei einer Autofahrt quer durch Nordamerika verunglückt und nur mit knapper Not aus dem brennenden Wagen gerettet worden. Brüche, Schnitte, Verbrennungen am ganzen Körper, die linke Seite des Gesichtes völlig zerstört. Eine Spezialklinik im amerikanischen Westen benötigte zehn Monate, um ihn zu einem einigermaßen selbständigen Leben zusammenzuflicken. Zwei Monate verbrachte er in einem Sanatorium in den Bergen. Erst dort besuchte ihn seine Frau. Zum ersten Male – die Ärzte hatten ihr dringend abgeraten, ihn vorher zu sehen, sein Anblick sei für sie mit Sicherheit nicht zu verkraften. Sie flog über den Atlantik voll Sehnsucht, Liebe, Erbarmen. Nach einer Woche kehrte sie zurück, aschfahl, mit versteinertem Gesicht, und sprach kein Wort.

Ludwig galt als recht durchschnittlicher Gemeindepfarrer, eigentlich war die Gemeinde für einen einzelnen Pfarrer, noch dazu von seinen Möglichkeiten, zu groß. Recht und schlecht hielt er seine Gottesdienste. Mit der Jugend – er hatte selbst keine Kinder – kam er nur sehr schwer zurecht. In der Seelsorge war er herzlich, doch ein wenig linkisch, und die Verwaltung empfand er als einen Klotz am Bein. Dennoch hegten die Gemeindeglieder eine gewisse Zuneigung zu ihm. Vor vier Jahren hatte man, um ihn zu entlasten, eine zweite Pfarrstelle eingerichtet. Doch dadurch änderte sich nichts. Auch von seinem Amtsbruder Risch gingen keine neuen Impulse aus. Ja, mit der Zeit entstand zwischen den beiden eine verdeckte Eifersüchtelei.

Die entzündete sich an der einzigen herausragenden Gabe Ludwigs: Er besaß eine sehr schöne Stimme, und er wußte das. Wenn auch seine Predigten wenig Hinreißendes hatten, wie er die Liturgie sang, das war allemal sehr erhebend. Da konnte Risch nicht mithalten, und das ließ der Amtsbruder ihn spüren und die Gemeinde auch. So war er ganz zufrieden, daß ihm der Unfall des Kollegen eine Art Alleinherrschaft bescherte, wodurch sich freilich nichts besserte.

Nun also war der andere wieder da – als ein Alptraum.

Niemand vermochte ihm ins Gesicht zu sehen. Die Kinder wichen entsetzt zurück, die Erwachsenen wandten den Blick ab. Und als er das erste Mal wieder in seiner Kirche erschien, ging ein tiefes Stöhnen durch die ganze Gemeinde. Sein Anblick war unerträglich. Altar und Kanzel hatten zwar einen ziemlichen Abstand zu den Bänken – trotzdem!

Und es blieb dabei, ja wurde immer schwerer zu ertragen, auch für seine Frau. Schließlich wandte Risch sich an den Bischof. Der reiste nach Herreneck – zum schrecklichsten Vieraugengespräch seines Lebens.

»Herr Bischof, ich kenne meinen Anblick, im Bad hängt ein Spiegel, aber den brauche ich nicht, ich sehe die Gesichter der Gemeinde, die Augen meiner Frau. Zweimal wollte ich mich schon vergiften. Ich weiß nicht, was mich zurückhielt ...

Gott? – Naja, wenn ich's täte, hätte er hier ausgespielt.

Obwohl … Wie oft wurde ich früher gefragt: ›Warum läßt Gott zu …?‹ Jetzt fallen alle billigen Antworten auf mich zurück.«

»Und wenn Sie's nochmal in einer Spezialklinik versuchten? Ich kenne da …«

»Lassen Sie – das habe ich alles hinter mir. Besser als die Amerikaner kann's niemand.«

Ein langes Schweigen dämmerte über den beiden Männern. Gerne hätte der Bischof seine Hand auf die des anderen gelegt. Er war zu keiner Regung fähig. Wie ein Eisberg schob es sich zwischen sie, dieser Satz, der jetzt gesprochen werden mußte.

Und dann griff Ludwig mit seiner verkrüppelten Hand nach der des Bischofs. Der zuckte und hielt doch still.

»Ich weiß, was Sie jetzt sagen müssen. Alle erwarten es von Ihnen, auch meine Frau: Ich muß gehen, aus dem Amt gehen. Wenn ich nur wüßte, wo ich bleiben könnte, ohne in entsetzte Gesichter schauen zu müssen …«

»Wir werden etwas finden, ich verspreche es Ihnen.«

Der Bischof erhob sich.

»Nicht beten!!« Ludwig hob beide Hände.

Das war der furchtbarste Augenblick dieser Begegnung.

Noch Tage danach sah der Bischof ihn so stehen und fand immer nur ein Wort dafür: Anti-Segen.

Einige Abende später schob der Pfarrer seiner Frau die Heimatseite der Kreiszeitung über den Abendbrottisch. Das Foto einer Art Mondlandschaft, an ihrem Ende ein steiler Kraterrand, dahinter ein Haus und ein wenig zurück eine kleine alte Steinkirche. Hinter ihr noch vier kleine Gehöfte. Dazu eine Reportage mit der Überschrift: »Bald hat der Kreis Südholz sein Vineta«. Da erfuhr der Leser vom Schicksal des Dorfes Beerwalde:

Einst ein wohlhabendes Dorf mit vierzehn Höfen und

etwa fünfhundert Einwohnern, geriet es vor dreißig Jahren in die Abbauplanung einer kreiseigenen Tagebaugrube. Im Laufe der Jahre nahmen fast alle Bewohner die großzügige Abfindung an. Nur der Bärenwirt wollte nicht weichen. Meter um Meter verschwand das Dorf unter dem Bagger. Eines Tages aber entdeckte der Kreistag, daß sich das Unternehmen nicht mehr rechnete. Man schrieb die Grube zum Verkauf aus, aber andere konnten auch rechnen. Die Grube wurde geschlossen und der Bagger, er hatte sich fast bis auf einen Steinwurf an das Gasthaus zum Bären herangefressen, ging an einen Schrotthändler.

Anfangs war die Sache eine kleine Sensation, Ziel für Wanderer und Busreisende. Der Bärenwirt und seine Enkelin hatten alle Hände voll zu tun. Doch nach dem Winter kamen nur noch zwei-drei Wanderer am Wochenende. Die Enkelin zog in die Stadt. Er solle doch mit ihr kommen, schlug sie dem Großvater vor. Doch seine Antwort war:

›Wir sind seit dreihundertsiebzig Jahren hier. Ich gehe auf die achtzig, bin der letzte und will hier sterben.‹

Vier andere Familien, alteingesessen wie er, waren ebenfalls geblieben. Gartenstücke und ein paar Felder hatte der Bagger noch nicht erfaßt, das genügt bis heute für die achtzehn Leute. Einmal in der Woche kommt das Bäckerauto mit ein paar Lebensmitteln, Bier und Kaffee. Unter Regen, Frost und Wind freilich bröckelt sich der Kraterrand beharrlich an die letzten Häuser heran. Am letzten Donnerstag brachte man den Bärenwirt mit einem Schlaganfall ins Kreiskrankenhaus.

... »Das Gasthaus zum Bären, generationenlang beliebtes Ausflugsziel, Schauplatz großer Feste, Hochzeiten, Jubiläen, es wird veröden, verfallen, untergehen. Nach ihm die Kirche und schließlich die vier Gehöfte. Unser Vineta.«

Die Frau schob ihrem Mann die Zeitung zurück. Zum ersten Male seit seiner Rückkehr sah sie ihm in die Augen. Es schüttelte ihren ganzen Körper.

»Ich schau mir das morgen an«, sagte er. »Vielleicht ist es das. Und dann ziehst du zu deiner Mutter. Es gibt keine andere Lösung.«

Die Verhandlungen mit der Enkelin des Bärenwirtes führte seine Frau. Für ein paar hundert Mark übernahm Ludwig das gesamte Inventar. Sein eigenes Umzugsgut paßte in den Kofferraum der Taxe.

»Nimmst du keine Bücher mit?« ...

Er warf nicht einmal einen letzten Blick in sein Studierzimmer.

»Du kannst das alles verkaufen oder verschenken, wie du willst.«

»Auch deine Bibel?«

Es war eine kleine, zerlesenen Taschenbibel. Durch Krieg und Gefangenschaft hatte sie ihn begleitet. Über ihr wurde er vom Mathematiker zum Pfarrer.

Ohne Antwort verließ er das Pfarrhaus.

Nach der ersten Begegnung gingen ihm die Leute von Beerwalde aus dem Wege. Nur eine alte Frau putzte ihm ab und zu das Haus, brachte Gemüse, Kartoffeln und Milch und kaufte ein für ihn, am Bäckerwagen.

Nach etwa einem Monat fuhr der Pfarrer aus Thannen vor. Der Bischof hatte mit ihm telefoniert, ihm die »Tragödie Ludwig« ungeschminkt erzählt.

»Ich weiß, jetzt mute ich Ihnen etwas sehr Schlimmes zu, aber vielleicht könnten Sie doch mal nach dem Amtsbruder sehen.«

Der Pfarrer von Thannen war so richtig das, was man sich unter einem evangelischen Gottesmann vorstellt: von imponierender Gestalt, voll freundlicher Autorität, beredt auf der Kanzel, selten um Rat und Antwort verlegen. Ein wenig stolz war er schon, daß der Bischof ihm einen schweren Fall nahelegte. – Aber das …

Ludwig empfing ihn an der Tür zur Schankstube.

»Herr Kollege, Sie brauchen sich nicht zu schämen. Nicht einmal meine Frau ertrug meinen Anblick. Sagen Sie nichts, es gibt hier nichts mehr zu reden.« –

Wie ein Gebrochener kehrte der Pfarrer zu seinem Auto zurück. Plötzlich aber richtete er sich auf, wandte sich um, nahm alle seine Kräfte zusammen, ging noch einmal auf Ludwig zu und zog aus seiner Hosentasche einen großen alten und rostigen Schlüssel.

»Hier, der Schlüssel zur Kirche. Das ist jetzt Ihre.«

Reglos starrte Ludwig dem Davonfahrenden nach, lange, sehr lange.

»Nein!« brach es aus ihm hervor.

Er schleuderte den Schlüssel hinter den Schanktisch. Dort fand ihn die alte Frau beim Aufwischen und hängte ihn an den Nagel neben der Tür zur Küche.

Ludwig brauchte Tage, um nach diesem Besuch jenes dumpfe Gleichmaß wiederzufinden, das sich im Laufe der ersten Wochen eingestellt hatte. Die drei Mahlzeiten richtete er sich ohne Schwierigkeiten. Nach dem Frühstück machte er sich im Garten zu schaffen. Das ging ihm nicht so von der Hand. Nach dem Mittagessen nahm er den Knüppel, auf den sich wohl schon der alte Bärenwirt gestützt hatte, und schritt den Pfad oben am Grubenabbruch ab. Das bereitete ihm große Mühsal und oft auch Schmerzen. Dennoch ließ er nicht davon ab, Tag um Tag. Die Abende aber waren bitter. Zwar stand da ein altes Radio, aber das Haus hatte keinen Strom mehr. Auch das Wasser war bis auf den Brunnen längst versiegt. Ein paar Bücher fanden sich, aber sie ödeten ihn an. Schreiben hätte er können – aber was! Ein paar Abende versuchte er sich mit Holzschnitzen – sinnlos! Die Hände gehorchten nicht.

Und so saß er denn am Fenster der Gaststube und starrte der Nacht entgegen.

Tage und Wochen versickerten. Anfangs hatte er sie noch durch Striche am Türpfosten markiert. Doch wozu das. Die alte Frau kam immer sonnabends, das genügte.

Und einmal im Monat brachte ihm der Briefträger einen Umschlag mit Geld und einem knappen Gruß von seiner Frau. Sie war inzwischen zu ihrer Mutter gezogen. Er kannte ihre Schrift und ahnte, wie es in ihr aussah. Sollte er antworten? ...

Sein täglicher Weg führte an der Kirchentür vorbei. Vor vielen Jahren hatte jemand eine Eule an ihr festgenagelt. Jetzt war sie zu einer Mumie vertrocknet. Seltsam, erst nach Wochen nahm er sie ein erstes Mal wirklich wahr, für einen Augenblick nur. Doch als er abends am Fenster saß, sah er sie wieder vor sich. Irgend etwas steckte dahinter. Wo hatte er von diesem merkwürdigen Brauch gehört? Vergeblich suchte er bis in den Schlaf hinein, eine Erinnerung daran zu wecken.

Grübelnd fand er sich am nächsten Tag vor der Kirchentür – keine Antwort. Auf seinem Weg über den Kraterrand blieb er plötzlich stehen: Wie lange war es her, daß ihn eine fremde Sache so beschäftigte, ja interessierte! Er kehrte zurück zur Kirchentür. Vergeblich, die Erinnerung verweigerte sich.

Aber etwas war in ihm aufgewacht, was im Unfall erstorben war: eine Art Neugier. Und die brachte ihn dazu, durch das Schlüsselloch in die Kirche zu schauen. Er konnte nicht viel sehen: einen grobbehauenen Altarstein und dahinter das ziemlich tiefe Halbrund eines Chorraumes mit drei schmalen Fenstern.

Was soll's! Er winkte sich selber ab und kehrte auf seinen Weg zurück.

Am nächsten Mittag entdeckte er den Kirchenschlüssel. Obwohl er täglich daran vorbeiging, war er nie in seinen Blick gekommen. Die Kirchentür schrie förmlich, als er sie aufdrückte. Und dann fand er sich in einem bis auf den Altarstein leeren, kahlen Raum. Die Bänke hatte man entfernt, die Kanzel und die Empore herausgerissen, der Putz war von den Gewölben gebrochen. Nur seitlich vom Altar gab es offensichtlich Reste eines Wandgemäldes. Mit einem Blick erkannte Ludwig die Szene. Von den verkrüppelten Händen bis in das zerstörte Gesicht durchfuhr ihn eine Eisesstarre: Der Heilige Sebastian, an einen Baum gefesselt, am ganzen Körper von Pfeilen durchbohrt. Über ihm in einer Wolke das milde Gesicht des Heilandes, sanft winkte seine Rechte dem Gequälten zu.

»Nein! – Nein!«

Wie ein Vulkan brach es aus dem Erstarrten. Das Leben brodelnder Wut fuhr ihm in die kranken Glieder. Krachend schlug er die Tür zu und drehte den Schlüssel, als müsse er einen Mörder einschließen.

Es wurde eine Nacht voller Alpträume.

Erst als das Rotschwänzchen auf dem Dachfirst den Tag begrüßte, legte sich die warme Decke eines ruhigen Schlafes über ihn.

Es war heller Tag, als er erwachte. Als er dann seinen täglichen Weg antrat, klang in seinem Inneren immer wieder ›Nein! Nein!‹ Verwundert blieb er stehen und horchte. Seine Stimme hatte einen Nachhall. Der verwandelte den Schrei fast in einen Gesang. Wieder wachte ein Schimmer von Neugier in ihm auf. Unversehens fand er sich an dem schuttbedeckten Altar und rief noch einmal sein Nein in den Raum. Tatsächlich, der gab es zurück wie einen Gesang. Er stieß einen Ton hervor und noch einen, und der schwang sich, fast wie eine Melodie durch das Kirchenschiff. Irgend etwas dämmerte in ihm auf. Er stolperte über den Schutt hinter den Altar und sang gegen die Fenster eine Kette von vier, fünf Tönen. Es war, als sängen Mönche in ihrer Kirche.

Den Abend über saß er im Lehnstuhl des Bärenwirtes am Fenster und schaute ohne sich zu regen nach der Kirche, bis die Nacht sie verhüllte. Warum mochte er nicht aufstehen? ... Er konnte nicht. Kein Glied an seinem Leibe regte sich. Angst stieg in seiner Seele auf, in dieser Seele, die ihn verlassen hatte an dem Tag, da er hier einzog. War sie zurückgekehrt, auf den Flügeln des Entsetzens – gestern vor dem gequälten Sebastian? An irgendeiner Stelle hatten die Mönchstöne sein versteinertes Inneres weich gemacht – damit nun das Grauen des Gelähmten Eintritt gewönne!

»Grauen der Nacht ... Grauen der Nacht ...« In einem unaufhörlichen Singsang lag es ihm in den Ohren – von weither.

Am Sonnabendmorgen fand ihn die alte Frau im Stuhl, stinkend von Urin und Kot.

Das Krankenhaus holte seine Frau.

»Wird er sterben?« Mitleid und Hoffnung schwang in ihrer Frage.

»Nicht unbedingt. Herz und Kreislauf sind fast normal, das Gehirn arbeitet. Achten Sie auf seine Augen, er nimmt alles wahr.«

Nach zehn Tagen fiel eher beiläufig bei der Visite die Bemerkung:

»Wir haben einen Platz im Pflegeheim. Nächste Woche können wir ihn verlegen.«

»Nein!«

Er schrie es, daß man's bis auf den Gang hörte.

»Nein! Ich will zurück!«

Fassungslos zischte der Stationsarzt der Schwester zu:

»Das gibt's nicht! Holen Sie den Chef! Schnell!«

Ludwig lag noch immer bewegungslos. Aber nun entschied er ruhig und deutlich:

»Nicht ins Heim. Ich gehe zurück in mein Haus – auf eigenen Füßen – Ihr werdet's erleben.«

Draußen steckten sie die Köpfe zusammen:

»Bewegungstherapie könnte was bringen. Aber wem kann man diesen Anblick täglich zumuten?«

»Wir hatten mal eine alten Pfleger, Rudolf, er ist schon lange pensioniert. Der war im Krieg Sanitäter in einem Lazarett in Rußland. Wenn der uns keine Märchen erzählt hat, hat er Schlimmeres gesehen als den da.«

»Na, wir zwei alten Frontschweine«, begrüßte Rudolf seinen ›späten Pflegefall‹, »das wär' ja gelacht. So schnell kneifen wir den Arsch nicht zusammen!«

Neun Tage später betrat Ludwig auf seinen eigenen Füßen sein Zuhause.

Und da war es wieder, als er am Fenster saß:

»Grauen der Nacht ... Grauen der Nacht ...«

Es hatte ihn nicht verlassen. Doch da war noch mehr, das sich zu ihm drängte, als er dalag, im Krankenhaus, bewegungslos und doch mit wachem Geist:

»Daß du nicht erschrecken müssest vor dem Grauen der Nacht,
vor den Pfeilen, die des Tages fliegen,
vor der Pestilenz, die im Finstern schleichet,
vor der Seuche die im Mittag verderbet ...«

in einer wunderbaren Mönchsweise.

Was auf seinem Krankenlager wie eine helle Wolke an ihm vorbeizog, und er konnte es nicht festhalten, jetzt stand es in wunderbarer Klarheit vor seinen Augen: die verlassene Insel vor der Küste Schottlands. Eine uralte, halbverfallene Kirche. Vierzehn deutsche Kriegsgefangene, Fallschirmjäger und SS-Leute, lauter junge Kerle. Sie hatten einen Massenausbruch versucht, waren nun hierher in eine Art Hochsicherheit verbannt, mußten Steine brechen und einen beschädigten Uferstreifen befestigen. Für was und wen, das wußte niemand, auch ihre Bewacher nicht. Die Wochenenden waren arbeitsfrei. Aber was mit ihnen anfangen? In drei Stunden war man um die Inselklippen geklettert. Alle Versuche, Fische zu angeln, schlugen fehl. Das einzige Buch war Ludwigs Bibel. Die ging, warum auch immer, von Hand zu Hand. Doch niemand sprach darüber.

Heinrich hatte eine eigene Weise gefunden, mit der Öde zurechtzukommen. Am Abend vor dem Sonntag setzte er sich in die kleine Kirche und sang. Draußen konnte man nur die eigenartigen Melodien vernehmen. Im Laufe der Zeit kam einer nach dem anderen herein. Was das sei? Nun, das Nachtgebet der Mönche. Ihr Musiklehrer, selber mal Mönch gewesen, habe ihnen das beigebracht.

Etwas zaghaft versuchten die anderen mitzusingen. Schließlich schlug Ludwig vor, es richtig mit ihnen zu üben. Vor einem Jahr noch hatten sie getönt: »Heute gehört uns Deutschland und morgen die ganze Welt!«

Jetzt sangen – schließlich alle vierzehn an jedem Sonnabend:

Brüder betet um Gottes Segen ...

Gott gedenke mein nach deiner Gnade ...

Er wird dich mit seinen Fittichen decken ...

daß du nicht erschrecken müssest vor dem Grauen der Nacht ...

Du bist ja doch unter uns, Herr ...

Es füllte die alte Kirche mit Wärme und Geborgenheit. Fast war es, als lebten sie die ganze Woche auf diesen Abend hin.

Zuletzt gesellten sich ihre drei Bewacher dazu.

Nach einem halben Jahr, kurz vor Weihnachten,

brachte man sie zum Festland zurück und verteilte sie auf verschiedene Lager.

Langsam zog sich Ludwig am Fenstergriff aus dem Stuhl, holte den Schlüssel, tastete sich zur Kirche und sang, zum ersten Male seit jenem grauenhaften Tag, der alles zerstört hatte. Es war wie ein Traum. Er hörte voll Verwunderung seine eigene Stimme und den Gesang, der in ihm aus dem Vergessen aufgestiegen war:

Daß du nicht erschrecken müssest vor dem Grauen der Nacht,
vor den Pfeilen, die des Tages fliegen,
vor der Pestilenz, die im Finstern schleichet,
vor der Seuche die im Mittag verderbet ...

Für einen Augenblick hüllte ihn die Wärme von damals ein. Doch draußen vor der Tür die Eulenmumie und Tag um Tag das ewige, leere Auf und Ab: schlafen, kochen, Garten und der mühsame Weg am Kraterrand der Grube. Nur daß ihm zwischendrin immer häufiger zumute war wie einem, der aus dem Schlaf aufwacht und vergebens nach dem verschwindenden Traum greift.

Am Sonnabend schleppte er einen Hocker in die Kirche und setzte sich hinter den Altar. – Nichts! Nur draußen das Kreischen der Mauersegler, in seinen Ohren das Rauschen des Blutes und in den Knien das leise unaufhörlich Pochen des Schmerzes.

»Du kindischer Idiot!« schrie er sich an und erhob sich.

Als hätten die Steine darauf gewartet, gab das Gewölbe seine Stimme zurück. Es stieß ihn geradezu auf den Hocker zurück. Und mit einem Male war es da, der ganze Psalm, den sie damals gesungen hatten:

Wer unter dem Schirm des Höchsten sitzet
und unter dem Schatten des Allmächtigen bleibet,

der spricht zu dem Herrn: ›Meine Zuversicht und meine Burg …‹

Von der Stunde ab waren seine Tage erfüllt von einem leidenschaftlichen, ja verzweifelten Suchen und Horchen nach den alten Worten und Klängen. – Nichts … außer einer Ahnung, daß da etwas war, wie man einen Verschütteten unter Trümmern ahnt.

Am Morgen des nächsten Sonnabends hörte er verblüfft sich selber sagen:

»So, jetzt mach' ich's wie damals, heute abend setz' ich mich wieder in die Kirche und das an jedem Sonnabend. Es mag ja idiotisch sein. Aber ich will's wiederfinden.«

Es war etwa einen Monat später, da kehrte die alte Frau am Abend noch einmal in den Bären zurück, sie hatte etwas liegen lassen. Völlig aufgelöst erschien sie bei ihren Leuten:

»Jetzt ist er verrückt geworden! Ich hab's ja geahnt. Seit er aus dem Krankenhaus zurück ist, stimmt was nicht mit ihm.«

Und dann standen sie lauschend vor der Kirchentür.

Tatsächlich – er singt – eigentlich nicht wie ein Verrückter.

»Laßt ihn doch«, brummte der Bruder der Alten. »Vielleicht hilft's ihm.«

Am nächsten Sonnabend beobachteten sie ihn, wie er in die Kirche ging, und schlichen sich wieder an die offene Tür.

Die Worte verstanden sie nicht, doch keiner von ihnen hatte je einen Menschen so wunderbare, ja bezaubernde Klänge singen gehört.

Die jüngere unter den Frauen trat, ohne daß sie es richtig bemerkte, ein paar Schritte in das Kirchenschiff.

Der Schutt knirschte. Jäh brach der Gesang ab. Mit einem Ruck erhob sich der Sänger und wandte sich um.

Atemlose Stille!

Außer der Alten hatte keiner dieses grausam entstellte Gesicht so nahe gesehen. Sie wichen zurück, einen Schritt und noch einen.

Nicht die Frau. Sie hob ihre Hände:

»Bitte! Dürfen wir zuhören? ... Es ist so schön!«

Von dem Tag an fanden sich zur Dämmerung jedes Sonnabends die übriggebliebenen Bewohner von Beerwalde in ihrer Kirche und lauschten, wie Ludwig Bruchstück um Bruchstück des Nachtgebetes aus seiner verschütteten Vergangenheit zurückholte.

Am Morgen des dritten Sonnabends räumten sie den Schutt aus ihrer Kirche.

Ohne daß es ihm recht bewußt wurde, trat etwas Neues, Helles in sein Leben. Das öde Gleichmaß, die Schmerzen, die mühseligen Hantierungen im Haus und im Garten, das abendliche Starren in die kommende Nacht, das alles lastete unverändert auf ihm. Nur, es zerfloß nicht mehr ins Zeitlose, es hatte ein Ziel, Woche um Woche.

Und hin und wieder, mitten in der dumpfen Mühsal der Tage, wachte es in ihm auf wie ein Vogellied in der vergehenden Nacht:

»Wer unter den Schirm des Höchsten sitzet
und unter dem Schatten des Allmächtigen bleibet,
der spricht zu dem Herrn:
Meine Zuversicht ...
vor den Pfeilen, die des Tages fliegen,
vor der Pestilenz, die im Finstern schleichet,
vor der Seuche, die im Mittag verderbet ...«

Vom Bäcker erfuhren es die Leute der Umgebung: Der »kaputte Pfarrer« in Beerwalde – er singt!

Zunächst waren es nur ein paar Neugierige. Was sie erlebten rührte sie so an, daß sie wiederkamen und andere mitbrachten, oft von recht weit her.

Ludwig schien es kaum zu bemerken, daß sich hinter ihm Mal um Mal mehr Zuhörer einstellten. Er wagte es nicht, ihnen sein Gesicht zu zeigen. In der Adventszeit waren es bei dreißig. Die einbrechende Kälte konnte sie nicht abhalten. Gegen die Dunkelheit stellten sie zwei große Kerzen auf den Altar. Und als der erste Schnee durch die Fensterlöcher trieb, setzten ein paar Männer Scheiben ein.

Selbst in der Christnacht, in der man hierzulande bei der Familie blieb, kamen sie. Manche brachten Kerzen mit.

Als sich das Gebet dem Ende zuneigte, geschah etwas Bestürzendes:

Es war wieder die junge Frau. Mit hastigen Schritte ging sie an den Altar:

»Herr Pfarrer, jetzt kommt der Segen. Bitte schauen Sie uns an. Wir lieben Sie. Lieben Sie uns denn nicht?«

Tiefes Schweigen. Leises Knistern der Kerzen.

Ludwig wandte sich um. Und dann tauchte etwas in ihm auf. Wo hatte er's gehört?

Jeder Ton, jedes Wort ...

Und er hob an zu singen:

Das Volk, das im Finstern wandelt,
siehet ein großes Licht,
und über die da wohnen im finstern Lande,
scheinet es hell.

Hell – hell – als ein aufatmen machendes Licht schwang es sich über die Lauschenden.

Er breitete die Hände aus:

»Eine ruhige Nacht und ein seliges Ende verleihe euch der barmherzige, gnädige Gott.

Es segne euch Gott, der Allmächtige und Barmherzige, Vater, Sohn und Heiliger Geist.«

»Amen.« – Zum ersten Male in all den Monaten stimmte die Gemeinde ein. Und dann hob einer an, ein Mann:

Stille Nacht, heilige Nacht . . .

Im Neuen Jahr wurde es bitterkalt.

Nur die alte Frau und ihr Bruder hielten die Samstage durch.

Doch in den Wochen vor Ostern kamen sie alle wieder. Ja, am Karsamstag konnte die Kirche die Besucher nicht mehr fassen.

»Vineta lebt!« las man in der Woche drauf in der Kreiszeitung, mit einer ausführlichen Schilderung der Vorgänge um die »Teufelsfratze mit der Engelsstimme«.

Der Pfarrer von Thannen ahnte, daß jetzt bald eine Nachfrage des Bischofs drohte, und fuhr vorsorglich am nächsten Samstag mit seiner Gemeindehelferin nach Beerwalde.

Auch er konnte sich den Worten und Klängen nicht entziehen:

Brüder, seid nüchtern und wachet,
denn euer Widersacher, der Teufel, gehet umher
wie ein brüllender Löwe
und suchet, welchen er verschlinge,
dem widerstehet fest im Glauben . . .
Gott, gedenke mein nach deiner Gnade . . .
Erhöre mich, Gott, wenn ich rufe . . .
der du mich tröstest in Angst . . .
er wird dich mit seinen Fittichen decken . . .
daß du nicht erschrecken mögest vor dem Grauen der Nacht . . .

Er mochte nicht gesehen werden, darum verließ er vor Ende die Kirche und beobachtete vom Auto aus die Menschen, wie sie, in sich versunken, ins Freie traten.

»Es fehlte nicht viel«, stammelte die Helferin, »und ich hätte ihm angeboten, hier zu bleiben und seinen Haushalt zu führen.«

Betroffen sah der Pfarrer sie an:

»Was hat der, was ich nicht habe?«

»Tja!«

Schweigend fuhr sie ihren Pfarrer zurück.

# Gereimtes und Ungereimtes

Hauke Christiansen

**Von Versagern und Talenten in entscheidenden Momenten**

Fünf geniale Kurzgeschichten des Jesus von Nazareth in Reimen nach- und weitererzählt

Mit einem Vorwort von Tim Schramm.
Transparent 41.
1997. 111 Seiten, kart.
ISBN 3-525-01817-7

Thomas Schleiff

**Verse über die Ferse...**

Heitere christliche Körperkunde

Transparent 37.
1996. 125 Seiten, kart.
ISBN 3-525-01815-0

Mit Witz und besinnlicher Absicht legt der Autor Grundsätzliches zum Leib-Seele-Verhältnis vor.

Thomas Schleiff

**Der Vogel mit dem Doktorhut**

Vergnügt-besinnliche Tiergedichte

Transparent 18.
2. Auflage 1996. 121 Seiten mit Illustrationen von Gretje Witt, kart.
ISBN 3-525-01806-1

Hans von Campenhausen

**Theologenspieß und -spaß**

Christliche und unchristliche Scherze

Durchgesehen und erweitert von Axel von Campenhausen.
Kleine Vandenhoeck-Reihe 1536.
7., erweiterte Auflage 1998.
143 Seiten, kart.
ISBN 3-525-33546-6

Die gut 400 christlichen und unchristlichen Scherze, die der Heidelberger Kirchenhistoriker zum heiternachdenklichen Brevier zusammenfügte, haben nahe oder entfernt mit der Theologie zu tun, die bei allem Ernst ihres Metiers ohne eine kräftige Prise Humor nicht denkbar ist. Für diese Auflage wurde die Sammlung von Axel v. Campenhausen mit neuen Anekdoten fortgeführt.